大学入試

代々木ゼミナール講師

吉ゆうそうの
英文読解
解テク101

南雲堂

はじめに

　受験生時代、思い切った英語読解の公式を教えてほしかった。恩師たる英語の先生方を尊敬しその教えに心酔したが、大胆な読解の「法則」を教えてもらえなかったことが唯一不満だった。それが英語教師ひいては英文読解の公式化を目指すに至った動機である。思えば本格的な構想を始めて以来、10年以上を経ている。満を持してここにようやく世に問える運びとなった。ささやかな本書が受験生の恩師ならぬ「恩書」となれば最高の喜びである。一言一句、細部に至るまでこの著作に精魂を傾けた本書の101項目の解テクは諸君に捧げる剣である。しかも斬れる剣である。自信をもって贈る。

　私は常々受験生に「読解ローラー作戦」を提唱している。ペンキ塗りの作業はローラーで何度も何度も同じ箇所を往復して塗る。重ね塗りである。それによって塗り残しがなくなり、完璧な光沢を発する美しい仕上がりとなる。これと同じイメージで、ローラーを何往復もさせるがごとく繰り返し演習をしてほしい。飽くことなき試行錯誤を反復してこそ、正答に至る頭脳回路は確立される。

　本書を常に携帯し、「すき間」時間を利用して学習することを勧める。わずか10分もあれば一つの問題に取り組める。各問題の英文を短くしてあるのはそのためである。「塵も積もれば山となる」で「すき間」時間を利用した学習の集積で本書は身につく。一度全問の演習を終えたら、即座に二度目、三度目に挑戦しよう。回を重ねるごとに、以前見えなかった部分が見えるようになってくるから不思議だ。偏差値65以上への道は、まず本書のマスターからはじまる。

　「山椒は小粒でもピリリと辛い」――本書の101の解テクは一題ずつが宝石のように光る逸品である。じっくり精読してもらいたい。全ての大学入試に有効だ。各問題の最重要な英文の構造は、図式（ダイアグラム）化してあるので、視覚的な理解が得られるはずだ。理解した後は「暗唱用英文」をしっかり覚えて、英語を内在化 (internalize) してほしい。「英語命」の一人の求道者として受験生に本書を贈る。

本書の効果的利用法

　問題文は良問101題を厳選した。第一級の名文揃いである。そのすべてを熟読玩味して血肉としてほしい。千ページの悪文を読むより、百ページの良文を徹底的に読む方が、効率良く読解力が身につく。読者の中には、和訳を書かないと理解した気がしないとか、自分の書いた和訳を読んではじめて英文を理解する、という人はいないだろうか。これは間違った方法である。和訳を書く作業はあくまで理解したことを確認する手だてに過ぎない。すぐ書こうとしてはならない。英文を何度も読むのだ。問題文によってはかなり高度なものもある。一度や二度の通読では理解できない英文もあるだろう。五回、十回と読み込まなくてはならないかも知れない。今日わからず中断しても、翌日になれば理解できることもある。苦労し、読みあぐねた英文が理解できたときの喜びは何ものにも代え難い。その小さな感動の積み重ねが英語の黒帯への王道なのだ。語学の道に近道など、どこを探してもあろうはずがない。
　英語は楽しい。真剣に取り組めば反応してくれる生き物だ。英文読解は知的高級パズルなのである。一文一文をじっくり味わってほしい。日本語も英語も言語である。言語は伝達のためにこそ存在する。暗号ではない。わからせるために存在するのだから難しいわけがない。万人にわかるように何千年もかけて最もわかりやすい構造に改良を重ねられてきた。分からない箇所に遭遇したら常にそう思ってほしい。
　英文読解力は、読んだ英文の量に正比例する。同じ英文を繰り返し読んでもそれは言える。同じ英文を五回よりは十回、十回よりは二十回読んだ人のほうが「読みの勘」は優れている。量は質を形成する。ともかく反復して読み、英文を暗唱してしまうぐらいの粘着力があれば、英文は自然と皮膚感覚でわかるようになるものだ。それは、私の自らの英語修行の過程で到達した英語学習の「正しい道＝王道」なのだ。断言する。近道はない。
　本書が「恩師」ならぬ「恩書」となることを心から念願して止まない。常住坐臥、この一冊にしがみついて表紙やページがボロボロになるまで読み込んでほしい。この一冊をマスターすればどんな英文も読めるようになる。必ず大学に合格する英語力が身につく。

新刊にあたって

　2001年11月10日、筆者は代々木ライブラリー（代々木ゼミナールの出版局）から『吉ゆうそうの英文読解スーパー解テク101』を刊行した。どれだけ売れるかという営業的な成功などは一切眼中になかった。かなり高いレベルの大学受験生のみを対象に執筆した。多少難しくても歯を食いしばって取り組んでくれる少数の真面目な学生だけを念頭に作成した。まさに硬派を自認する人の学習書である。予想外にヒットし、ロングセラーとなった。五刷まで版を重ね2014年末まで愛読された『スーパー解テク101』は完売し、絶版となった。全国のトップ校の中には副読本に使用してくださる硬派の高校もあり、先生方の志に敬意を表し厚く御礼申し上げます。

　全国の多くの愛読者から「絶版にしないで」という要望を頂いた。感激これにすぐるものはない。長年お付き合いの深い南雲堂が手を挙げてくださり、今回本書の形で刊行できる運びとなり読者の要望に応えることができて嬉しい。初版以来15年間愛読されたことへの記念と感謝の意味をこめた書となった。『吉ゆうそうの英文読解 解テク101』と新しい書名での再スタートである。

　旧版に二つの改良を加えた。随所に加筆と改良を加えより理解しやすくなったことと、英文テキストと暗唱用英文にCDを加えて音源も提供したことである。

　本書刊行にあたり大変お世話になりました南雲一範社長と編集部の加藤敦様に厚く御礼申しあげます。

2015年10月21日　吉　ゆうそう

目　次

解テク 1　　S, 〜〜〜, V のパターンに慣れよ
解テク 2　　, , や― ―は〔　〕にくくれ
解テク 3　　□, □は「□すなわち□」
解テク 4　　名＋〜ing「〜する/〜している　」
解テク 5　　名＋ p.p.「〜された/〜される名」
解テク 6　　「, for ＋文」は「というのは〜だから」
解テク 7　　文頭の Yet や And yet は「しかし」
解テク 8　　N ＋ that ＋ V のとき、that は「関代」
解テク 9　　関係詞節は〔　〕にくくってみよ
解テク 10　「関代」の直後の I think は〔　〕にくくれ
解テク 11　「前置詞＋関係代名詞」は飛ばして読め
解テク 12　「前置詞＋関代＋ to」は to 以外飛ばして読め
解テク 13　「前置詞＋関代」の前置詞は後ろに送ってみよ
解テク 14　「前置詞＋関代」の前置詞の意味確認法
解テク 15　飛ばして読めない without which
解テク 16　「, which」は「そしてそれは（を/に）」
解テク 17　「, who」は「そしてその人は（を/に）」
解テク 18　「, ＋前置詞＋関代」は読み下せ
解テク 19　「, which 節」の後に「,」があれば〔　〕でくくれ
解テク 20　「, 前＋ which 節」の後に「,」があれば〔　〕でくくれ
解テク 21　現在完了形は現在形の一種
解テク 22　過去完了形は「過去の過去」
解テク 23　文頭の of は大体「〜のうちで」
解テク 24　make を見たら make ＋ O ＋ C を疑え
解テク 25　what の多くは「こと/もの」

解テク 26	with の後に nexus を感じたら、with ＋ O ＋ C	
解テク 27	副詞句が文頭に出ると、倒置文が続く	
解テク 28	物主構文は主語を副詞的に訳せ	
解テク 29	what it is like to be ～が出る	
解テク 30	最上級表現には even が略されやすい	
解テク 31	than・as 以下はよく略される	
解テク 32	受動態 ⇄ 能動態の訳は自由でよい	
解テク 33	代名詞はなるべく本来の名詞で訳せ	
解テク 34	強調構文の It is と that は消して確認	
解テク 35	強調構文は訳し上げがやさしい	
解テク 36	否定語＋全体を示す語＝部分否定	
解テク 37	no more A than B は 4 点押さえよ	
解テク 38	No〔Nothing〕～ more ～ than... が出る	
解テク 39	have to ≠ must	
解テク 40	～, ～ ing...「～して / しながら」	
解テク 41	～, ～ ing...「そして～する」	
解テク 42	～, p.p. ...「～して / ～されて」	
解テク 43	so を見たら that を予測せよ	
解テク 44	such を見たら that を予測せよ	
解テク 45	So を文頭にした so ～ that... の倒置が出る	
解テク 46	for A to ～は「A が～する」系	
解テク 47	It で始まったら to や that を予測せよ	
解テク 48	譲歩表現が出る	
解テク 49	複合関係詞 whatever は what にしてみよ	
解テク 50	if のない仮定法が出る	
解テク 51	enable の構文は「～のおかげで…は…できる」	
解テク 52	to 不定詞の頻度 No.1 は「～するため（の）」	
解テク 53	find が問われたら find ＋ O ＋ C を疑え	
解テク 54	find it ＋ C ＋ to ～が出る	

解テク 55	not so much A as B が出る
解テク 56	those：「人々」
解テク 57	p.p. で始まる分詞構文は文頭に Being が略されている
解テク 58	文頭の見えない Being を感知せよ
解テク 59	接続詞 that は「〜ということ」
解テク 60	That で始まる長い S の文が出る
解テク 61	長い S の文が出る
解テク 62	長い S には V が割って入る
解テク 63	A, B and C の列挙が出る
解テク 64	疑問文でないのに疑問形なら倒置
解テク 65	名＋形〜の後置修飾に慣れよ
解テク 66	動名詞の nexus を見抜け
解テク 67	節対名詞も同格関係は成立
解テク 68	「短前長後」の法則
解テク 69	this は大抵「直前情報」
解テク 70	make it possible for A to (do) が出る
解テク 71	「場所を示す副詞（句）＋ V ＋ S」の倒置が出る
解テク 72	倒置の C ＋ V ＋ S が出る
解テク 73	関係代名詞の二重制限が出る
解テク 74	二重否定は－×－＝＋と考えよ
解テク 75	less は not にして読め
解テク 76	otherwise が問われる
解テク 77	There 構文の There は形式に過ぎない
解テク 78	数量表現の後の of は「〜のうちの（で）」
解テク 79	The ＋比較級，the ＋比較級が出る
解テク 80	Not until 〜が出る
解テク 81	先行詞は直前にあるとは限らない
解テク 82	have［get］＋ O ＋ p.p. が出る
解テク 83	S ＋ V ＋ O ＋ C の O ＋ C は nexus

解テク 84	突然節が出てきたら接触節
解テク 85	従属節中の it is などは略される
解テク 86	分離修飾が出る (1)
解テク 87	分離修飾が出る (2)
解テク 88	S + V + C + O の倒置が出る
解テク 89	the extent [degree] to which は how much に代えてみよ
解テク 90	O + S + V の倒置が出る
解テク 91	反復を避ける省略が出る
解テク 92	S + V + M + O が出る
解テク 93	主格の of が出る
解テク 94	目的格の of が出る
解テク 95	同格の of が出る
解テク 96	the way (in which) ＋節
解テク 97	the way ＋節〈副詞節〉
解テク 98	No sooner 〜 than... が出る
解テク 99	分離する関係副詞 when が出る
解テク 100	of which が出る
解テク 101	読み下す until が出る

解テク 1 S, 〰〰〰 , V のパターンに慣れよ

●下線部を和訳しなさい。　　　　　　　　　　　　　　　CD-2

The discoveries of astronomy and geology entirely altered man's ideas of the universe. The earth had existed for billions of years before man appeared upon it. <u>The life of man, which had been for so long the central fact in the world, appeared suddenly small and almost insignificant.</u> In the middle of the nineteenth century Darwin's Origin of Species was published: and gradually from that time onward, the idea of Evolution began to possess men's minds.

（愛知学院大・商・文）

【Words & Phrases】 astronomy 天文学 ◆ geology 地質学 ◆ alter 〜を変える ◆ the universe 宇宙 ◆ exist 存在する ◆ billions of 〜何十億もの〜 ◆ appear 〜のように思われる ◆ insignificant 取るに足らない ◆ be published 発表される ◆ gradually 徐々に ◆ from that time onward その時以来ずっと ◆ possess 〜を支配する

♣ 英文ではS（主語）とV（動詞）の間にSを修飾する節や句を挿入することが頻繁に行われる。S, 〰〰〰 , V のパターンに慣れよう。主語の直後のカンマからカンマまでを〔　〕にくくってみると，前後がS＋Vという形でつながることから挿入が見抜ける。ここでの〔　〕はwhichを先頭にした関係代名詞節で、このパターンは言わば英文作法の常識である。

2行目の The earth had existed という過去完了時制は3行目の man appeared よりも時間が古いことを示す「大過去」として使用されている（解テク22参照）。

> **DIAGRAM**
>
> **The life of man**, / 〔*which had been* (*for so long*) *the central fact* /
> S
> *in the world* 〕, **appeared** (suddenly) **small** and (almost) **insignificant**.
>   V   C¹   C²

　下線部を DIAGRAM（図式）にすると上記のようになり、S＋V＋Cの第2文型である。〔　〕は関係詞節でSにかかる。Vの後の（　）は2つとも副詞で suddenly は appeared を、almost は insignificant を修飾している。/ (slash) は意味の切れ目。訳し方は2つある。1つは、カンマでくくられた〔　〕の部分から**訳し上げる**方法。

　訳例　「非常に長い間世界の中で中心的な事実（関心事）であった人類の生活は、突如としてちっぽけでほとんど取るに足りないものに思われるようになった」。

　これも正しい。しかし native の思考の流れに従って頭から**訳し下げる**2つ目の方法（全訳参照）を勧めたい。その方が訳しやすく、訳文も簡潔でわかりやすいからである。

【全訳】天文学と地質学の発見は完全に人間の宇宙に対する考え方を一変させてしまった。人類が地球上に現われる前に地球は何十億年も存在していた。人類の生活は、非常に長い間世界の中で中心的な事柄であったのだが、突如としてちっぽけでほとんど取るに足らないものと思われるようになった。19世紀の半ばにダーウィンの『種の起源』が発表された。そしてその時以来ずっと、徐々に、「進化」という概念が人類の心を支配し始めたのである。

Learn it by heart!　　　　　暗唱用例文 # 001　　　　　**CD-3**

The idea of democracy, *which is now taken for granted*, **has a long history to date.**

　民主主義という考えは、今では当然と思われているが、今日まで長い歴史を有している。

解テク 2 　, , や— —は〔 〕にくくれ

●下線部を和訳しなさい。　　　　　　　　　　　　　　　CD-4

The English are so fond of talking about the weather. It is a completely nonintrusive subject which does not touch upon your private inner life at all, at the same time it is of general interest because English weather is very changeable and unpredictable. <u>So the English, wishing to be friendly but not too personal, fall back on the weather.</u>

(新潟大)

【Words & Phrases】　◆ The English 英国民 ◆ be fond of ～ ～が大好きである ◆ nonintrusive 押しつけがましくない ◆ subject 話題 ◆ touch upon ～に触れる ◆ inner life 精神生活 ◆ be of general interest 一般大衆にとって関心のある ◆ unpredictable 予測不能な ◆ friendly 友好的な：敵意のない ◆ personal 人の私事に触れる ◆ fall back on ～ ～に頼る

♣ 解テク1と関連することだが、英文ではカンマとカンマもしくは—（ダッシュ）と—（ダッシュ）とで、独立した意味内容のことを追加・補足の意味で挿入することが非常に多い。**従って、カンマやダッシュによって全体を見通せなくなったら〔 〕に入れて考える癖をつけよう**。そして〔 〕を無視して読んで前後が意味的につながれば、挿入節（又は挿入句）であることが証明されるわけである。くくられた〔 〕は前後や文全体を修飾する。

　3行目の at the same time は本来「同時に」という副詞だが、ここでは接続副詞的に使われている。従って and at the same time と同義である。

DIAGRAM

So / **the English**, / 〔wishing to be friendly but not (wishing to be) too
　　　　S
personal〕, / **fall** back on the weather.
　　　　　　　V

　So〔= Therefore / Thus〕は前文を受けて「それ故に、従って」の意味の順接の副詞。the English は the English people の people がとれたものと考えよ。*cf.* the Japanese「日本国民」。wishing は現在分詞で、分詞構文の一種。ここを普通の節にすると So the English, though they wish to be ～となる。they = the English。not と too の間に wishing to be が反復を嫌って略されている。/（スラッシュ）は意味上の切れ目で、ダイアグラムでは以降そのように解釈してほしい。

【全訳】英国人は天気について語ることが大好きである。（なぜなら）天気は自分の私的な精神生活に全く触れないし、完全に他人の私事にも触れない話題であり、また同時に英国の天気が非常に変わりやすく予測がつきにくいが故に、一般大衆の関心事でもあるからである。それ故に、英国民は、友好的でありたいと願いながらもあまり私的なことに立ち入りたくないと思うものだから、天気（の話題）に頼るのである。

Learn it by heart!　　　　暗唱用例文 # 002　　　　CD-5

He is, *so to speak*, a grown-up boy.
彼は、言わば、大きくなった子供だ。

解テク 3 □, □は「□すなわち□」

●下線部を和訳しなさい。

Looking back on my own childhood, after the infant years were over, I do not believe that I ever felt love for any mature person, except my mother, and even her I did not trust, in the sense that shyness made me conceal most of my real feelings for her. <u>Love, the spontaneous, unqualified emotion of love, was something I could only feel for people who were young.</u>

(明治大・商)

【Words & Phrases】 Looking back on 〜 = When I look back on 〜 〜を振り返って見ると◆ childhood 少年時代◆ infant 幼年期の◆ mature 成熟した◆ trust 〜を信頼する◆ in the sense that 〜 〜という意味で◆ conceal 〜を隠す◆ spontaneous 自然発生的な◆ unqualified 制限のない：無条件の◆ emotion 感情◆ feel something for 〜に共感を覚える cf. feel pity for 〜にあわれみを感じる

♣「同格のカンマ」を覚えよう。このカンマは「すなわち」の意味で、直前の名詞を追加・補足的に説明する機能をもっている。例えば Mark Twain, an American author who wrote volume after volume も同格のカンマだ。訳し上げれば「何冊も何冊も書いたアメリカの作家、マークトゥエイン」となる。下線部では Love , the spontaneous, unqualified emotion of love の部分が同格関係。訳し下げれば「愛、すなわち自然発生的かつ無制限な好意的感情」。

では同格のカンマをどうやって見抜くか？まず 名詞A , 名詞B という形態で判断する（名詞でない場合もある）。次に A の具体説明が B であるという意味内容からの２点で判断が可能である。

1 行目の Looking back 〜は分詞構文。2 行目の not + ever = never で「決して〜ない」。3 行目の even her I did not trust は倒置文で I did not trust even her のこと。4 行目の made は「〜に…させた」の使役動詞。

DIAGRAM

```
    A                      B
  Love , the spontaneous, unqualified emotion of love , /
   S   └─ 同格のカンマ

  was something 〔I could only feel ... for people (who were young)〕.
   V      C
```

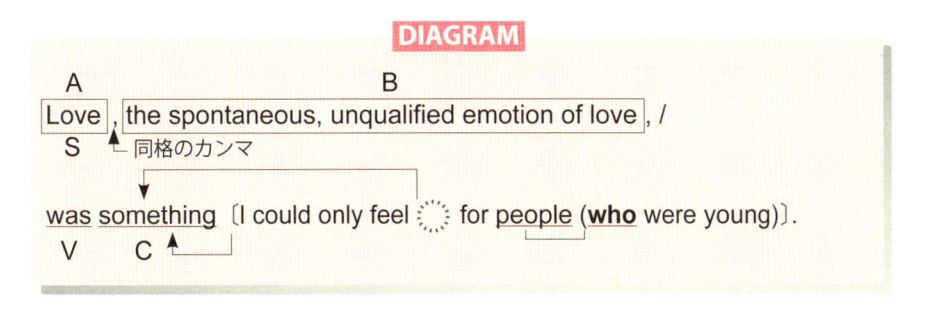

〈直訳〉「自然発生的かつ無制限で好意的感情である愛情は、私が若い人々に対してのみ感じることのできるものであった」

　…（消えたマーク）は、本来、そこに存在すべき目的語としての名詞が前に移動したことを表わす。以後このマークがある時は、単語が移動して消えた印として解釈してほしい。ここでは本来の文は I could only feel *something* for people who were young.「私は若い人々に対してのみ何かを感じることができた」である。その *something* が先行詞としてこの文の前に出たわけである。関係代名詞・目的格のwhich は省略するのが通例だからそうしてある。

something 〔I could only feel ... for people who were young〕
「私が若い人々に対してのみ感じることのできたもの」

【全訳】幼年期が終わった後の私自身の少年時代を振り返ってみると、私は母以外にはどんな成熟した人に対しても決して愛情を感じなかったと思うが、内気であったために母への本当の愛情のほとんどを隠していたという意味で、母すらをも信頼していなかった。愛、すなわち自然に湧き起こり無制限である好意的なこの感情も、私にとっては（私と同世代の）若い人々に対してしか感じることができないものであった。

Learn it by heart!　　　　暗唱用例文 # 003　　　　CD-7

I have *an aim in life, to make a name in medicine*.
私には**人生の目的**がひとつある。すなわち**医学で名をあげること**だ。

解テク 4 　名 +〜ing 「〜する/〜している 名」

●下線部を和訳しなさい。

　We might expect to find the nineteenth and early twentieth centuries a time of wonderful teachers : pioneers, enthusiasts, apostles. But they were not. Relatively there was more poor teaching, there were more bad and hateful teachers, than at any time since the Middle Ages. Partly it was the result of the grim semi-religious moral attitude of the early nineteenth century which thought that important subjects could only be treated in a deadly serious way. <u>And it misguided thousands of teachers into meeting every class and discussing every subject with the same expression of icy detachment as a surgeon conducting a major operation.</u>

（同志社大・文）

【Words & Phrases】　pioneer (s) 先駆者◆ enthusiast (s) 熱意あふれる人◆ apostle (s) 唱導者；指導者◆ relatively 相対的に◆ hateful 憎しみに満ちた◆ the Middle Ages 中世◆ result 結果◆ grim 厳格な◆ semi-religious 半ば宗教的な◆ attitude 〜観；態度◆ misguide A into B（〜ing）A を誤らせて B するように導く◆ expression 表情◆ icy 氷のように冷たい◆ detachment 無関心；超然◆ surgeon 外科医師◆ conduct 〜を行う◆ operation 手術

♣下線部の最初の it は the grim semi-religious moral attitude of the early nineteenth century。「それ」と訳すより、「その道徳観」と訳す方が好ましい。
　第1文の find は第5文型（S + V + O + C）のV で「〜を…であると思う・わかる」の意。C はここでは a time 以下のすべて。3行目の But they were not. とは But the nineteenth and early twentieth centuries were not a time of wonderful teachers. のこと。4行目〜5行目の more A than any B は「いかなる B よりも A 」の比較表現。

DIAGRAM

/ with the same expression of icy detachment as a **surgeon** (*conducting a major operation*).

---

with は直前の meeting と discussing の両方にかかり、「〜で、〜を伴って」の意。

例　He finally got the job done **with** a lot of difficulty.
「彼はついに大変な苦労**を伴って**（→をして）仕事を成し遂げた」

the same A as B「B と同じ A」。conducting は現在分詞でそれ以下が形容詞句として直前の a surgeon を修飾している。この「〜している 名詞 」のパターンに慣れよう。a surgeon conducting 〜 = a surgeon who is conducting 〜。

このように後ろから前の名詞を修飾する修飾関係を**後置修飾**と呼称する。次の解テク 5 や関係詞節も後置修飾である。後置修飾こそ英語の根幹となる表現であり、日本人の最も留意すべき弱点である。

【全訳】我々は 19 世紀と 20 世紀初頭を素晴らしい教師達の時代であると考えたいかも知れない。すなわち、先駆的教師、熱意あふれる教師、唱導者的教師の時代であったと。しかしそうではなかった。相対的には、中世以降のどの時代よりも多くの下手な教え方が存在したし、下手で憎しみに満ちた教師達が存在したのである。ひとつにはそれは、重要な科目というものは耐えられないほどの生面目（まじめ）な方法でのみ扱い得る、と考えた 19 世紀の厳格な半ば宗教的な道徳観の結果でもあった。そしてその道徳観によって、何千人もの教師達は、大手術でも行っている外科医師と同じような氷のように冷酷で超然とした表情であらゆる授業に出たり、またあらゆる科目を論じるといった誤った行動に導かれたのであった。

Learn it by heart!　　　　　暗唱用例文 # 004　　　　　CD-9

I sent the firm a letter *asking for the post* **right away.**
私はすぐその会社にその役職に応募する手紙を送った。

解テク 5　名 ＋ p.p.「～された / ～される 名」

●下線部を和訳しなさい。

CD-10

It seems to me that most Japanese are natural diplomats where the stomach is concerned. <u>They will eat almost anything put before them, a skill perhaps derived from the habit of ordering *teishoku*, the fixed-menu meal.</u>

（弘前大）

【Words & Phrases】　natural 生来の◆ diplomat 外交官：外交家（本文では、どの民族の食事にも順応できる如才ない国民の意）◆ where A is concerned ＝ so far as A is concerned「Aに関する限りは」◆ skill 技能◆ be derived from ～ ～から引き出される◆ fixed 定められた：あらかじめ決められた◆ meal 食事

♣ <u>the language spoken in France</u>（フランスで話されている言語）

<u>the people concerned</u>「当事者」

<u>a child born into a wealthy family</u>「裕福な家庭に生まれた子供」

などのような名詞＋p.p.（過去分詞）の後置修飾パターンに慣れよう。

次の英文を下線部に注意して解釈してみてほしい。

The widespread use of chemical growth-hormones in <u>animals raised</u> for our consumption has given rise to a general concern about increased risk of cancer.

（京都女子大）

「我々が消費するために<u>飼育される動物</u>に広く化学的成長ホルモンが使用されていることは、癌の危険性の増加について一般大衆に不安をもたらしている。」

本文の話にもどる。第1文のItは「状況のit」である。It seems to me that ～で「状況は私には～だと思われる」と考えよ。ただし、「状況は」の訳はない方がスッキリしてよい。It seems to me that ～ . で「私には～のように思われる」という慣用表現として覚えておくと便利である。

DIAGRAM

They will eat almost **anything** (put before them), / **a skill** (perhaps
S   V   O   p.p.   同格のカンマ
derived from the habit of ordering teishoku, the fixed-menu meal).
p.p.   同格のカンマ

　They は most Japanese「たいていの日本人たち」。名詞 anything に put before them がぶら下がっている。put は p.p.（過去分詞）で「置かれた」となる。ここがポイント。名詞の後にと p.p. があれば、p.p. に付随するものも含めて直前の名詞にかける。いわゆる後置修飾（後ろに置かれて前を修飾する）である。解テク4では〜 ing 形だったものが p.p.（多くは〜 ed 形）に変わっただけで、前にかかるパターンは同じ。almost anything put before them で「彼らの前に置かれたほとんどあらゆるもの」。

　a skill の直前のカンマは解テク3の同格のカンマ。They will eat almost anything put before them の文と a skill という一単語とが同格関係。perhaps 以下からピリオドまでは直前の名詞 a skill にかかる。これも後置修飾。perhaps から the fixed-menu meal までの（　）を修飾語句として a skill にかけて読めば大きな構造が見えてくる。尚、teishoku と the fixed-menu meal は同格関係である。

【全訳】胃に関する限り、たいていの日本人は生まれついての外交家だと私には思われる。彼らは自分の前に出されたものはほとんど何でも食べる。つまりこれは定食（あらかじめ決められた献立て）の食事を注文することからおそらく生まれた技能であろう。

Learn it by heart!　　　暗唱用例文 # 005　　　**CD-11**

Japan is a country *surrounded by the sea on all sides.*
日本は四方を海に囲まれた国である。

解テク 6 「, for ＋文」は「というのは〜だから」

●下線部を和訳しなさい。　　　　　　　　　　　　　　**CD-12**

　It may even be reasonably argued that the average animal is relatively more mentally active than the average man. <u>For the wild creature lives a natural life in which it has, for its continued existence, to exercise its every faculty,</u> whereas in civilized countries many men are mere automata for a third of the day.

（慶応大・法）

【Words & Phrases】 reasonably 理にかなって◆ argue 〜を主張する◆ relatively 比較的に mentally 精神的に◆ creature 生き物◆ existence 生活（＝ life）◆ exercise 〜を働かせる◆ faculty 能力◆ whereas 〜であるのに対して；ところが実は◆ automata（automaton の複数形）自動人形；機械的に行動する人◆ a third of 〜の三分の一

♣ 第 1 文の It 〜 that は It 〜 that ... 構文。「…と理にかなって主張されてすらよいだろう」→「…と言っても差し支えなかろう」。
　次の類例もよく使われる。

It may safely be said that the judgment of the many is generally better than that of the few.
「多数の判断は大体において少数の判断よりもましである**と言ってもさしつかえなかろう。**」

　5 行目の for は期間を意味する前置詞で「〜の間（は）」。for a third of the day で「1 日のうちの三分の一の間は」。

DIAGRAM

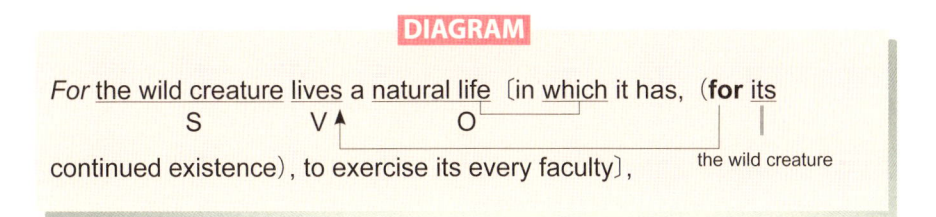

For the wild creature lives a natural life [in which it has, (**for** its continued existence), to exercise its every faculty],

S　　V　　O　　　　　　　　　　　　　　　the wild creature

　Forを不用意に前置詞と考えたらダメ。前置詞ならその後には節(文中の文のこと)は来ず、名詞が来る。ここはFor＋節だからこのForは従位接続詞で前文を受けて「というのは〜だからだ」となる。多くは「, for」の形をとるが上例のようにForから新たに文が開始することも珍しくはない。it, its, itsの3つはすべてthe wild creatureのこと。

　for 〜 existenceは副詞句として前後のhas to exerciseを修飾。カンマとカンマを( )にくくると前後はin which it has to exercise its 〜になることを見抜こう。法助動詞扱いのhas to (= must)がカンマとカンマによって分断されたにすぎないが、読者の多くはこのtoの意味に悩んだことだろう。has toすらカンマとカンマによって引き離されるという、英語の「挿入を好む傾向」がここでもよくわかる。

【全訳】通常の動物は通常の人間と比較した際に、より活発な精神活動を行っている、と言っても差し支えなかろう。というのは、野生生物は生存を続けてゆくためには自らのあらゆる能力を駆使しなくてはいけない野生の生活を行っているからである。一方、文明国においては、多くの人間は一日の三分の一の時間は単に機械的に行動している(頭を使っていない、の意)に過ぎないのである。

Learn it by heart!　　　　暗唱用例文 # 006　　　　CD-13

It must be morning, *for* the birds are singing.
朝にちがいない。**というのは**小鳥がさえずっているからだ。

解テク 7　文頭の Yet や And yet は「しかし」

●下線部を和訳しなさい。　　　　　　　　　　　　　　　CD-14

　To truly care for the environment, it is said, you would have to drastically reduce your purchases of everything —— food, clothing, appliances, and other "lifestyle" items to a bare minimum. That approach simply doesn't work in our increasingly convenience-and-consumption-oriented society. No one wants to go back to a less-comfortable, less-convenient way of life.

　<u>And yet most Americans do care about the state of the earth. Increasingly, according to surveys, people say that their concern for environmental issues is affecting the way they shop</u>.

〈横浜国立大〉

【Words & Phrases】care for ～を大切にする ◆ drastically 根本的に：思い切って ◆ reduce ～を減らす　purchase (s) 購入 ◆ appliance (s) 電気製品 ◆ bare かろうじての：ただの ◆ minimum 最低限度 ◆ approach やり方 ◆ simply（否定語とともに）絶対に：断じて（～ない）◆ increasingly ますます ◆ convenience-and-consumption-oriented society 便利さと消費を志向する社会 ◆ state 状態：現状 ◆ according to ～によれば ◆ survey (s) 調査 ◆ concern for ～への関心 ◆ issue (s) 問題 ◆ affect ～に影響を与える ◆ shop 買物をする

♣ yet は文頭、文中、文末などで幅広い意味に使われ、その分、判断に迷う場合がある。文頭に Yet や And yet が来たら、「しかし」「それにもかかわらず」と考えよう。Nevertheless や But、However の言い換えである。
　ただし、次のような例外もあることに注意してほしい。another や more の前に来た場合の yet は「その上：さらに」の副詞である。

Yet *another* week passed by.「さらに一週間が経過した。」

> **DIAGRAM**
>
> And yet / most Americans do care about the state of the earth.
>   S   V
>
> Increasingly, / according to surveys, / people say
>   S   V
>
> [that their concern (for environmental issues) is affecting
>   O
>
> the way (they shop)].

the way they shop は「彼ら（アメリカ人）が買物をするやり方」の意味。本来の形は the way in which they shop だが、このように in which は省略される場合が多い（解テク 96 参照）。

例　I wonder why most Westerners find **the way** we use chopsticks at table funny.
「どうして私たちが食卓でお箸を使うやり方をたいていの西洋人は滑稽だと思うのだろう」

> 【全訳】真に環境を大切にするには、食料・衣料・電気製品やその他の「生活スタイル」上の品々など全ての買物を思い切って最低限にまで減らさなくてはならないだろう、と言われている。そのようなやり方は我々の便利さと消費をますます志向する社会においては絶対にうまくかない。誰も今より快適でなく便利でない生活様式に戻りたいとは思わない（のだから）。
>
> 　それにもかかわらず、たいていのアメリカ人は地球の現状について本当に心配している。調査によると、環境問題への自らの関心が自分達の買物の仕方にいよいよさらに影響を与えつつある、と人々は言っている。

Learn it by heart!　　　　暗唱用例文 # 007　　　　　　**CD-15**

I'm willing to help her, (*and*) yet I can't spare her any minute.
彼女を手伝ってあげたいのはやまやまだ。**しかし**、全く時間を割いてあげられないのだ。

解テク 8　N＋that＋Vのとき、thatは「関代」

●下線部を和訳しなさい。　　　　　　　　　　　　　　　　　CD-16

　Some Japanese equate internationalization with Westernization and fear that it would bring a further loss of the uniqueness they claim for Japan. Such attitudes, however, are quite mistaken. <u>The rapid changes that undoubtedly are taking place in Japan are the product of the development of science and technology and the resultant prosperity they have brought to Japan, not the unwanted results of internationalization.</u>

（愛知教育大）

【Words & Phrases】　equate A with B　AをBと同一視する◆Westernization 西洋化◆fear ～を恐れる◆further さらなる◆uniqueness 独自性◆claim A for B　AをBの所有と宣言する：主張する◆mistaken 誤っている◆rapid 急速な◆undoubtedly 疑いもなく：確かに◆take place 発生する◆product 産物◆science and technology 科学技術◆resultant 結果として生じる◆prosperity 繁栄

♣2行目のitはinternationalizationのこと。fearと同格関係のthat節の中を見てみよう。

it（＝ internationalization）would bring a further loss of <u>the uniqueness</u>〔(which) they（＝ some Japanese）claim ▲ for Japan〕.

　直訳すると「それ（国際化）は彼ら（日本人）が日本のものであると主張する独自性のさらなる喪失をもたらすであろう」。
　　cf. They **claim** the islands **for** their nation.
　　　「彼らはその島を自国民の所有だと宣言している」

DIAGRAM

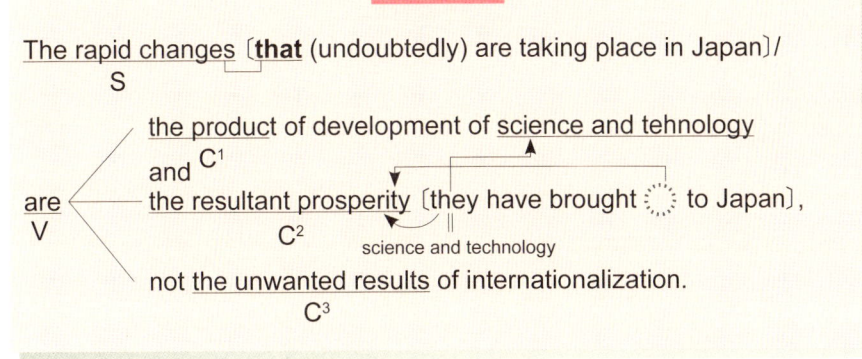

The rapid changes [**that** (undoubtedly) are taking place in Japan]/
S

are ─┬─ the product of development of science and tehnology
V   │   C¹
     │   and
     ├─ the resultant prosperity [they have brought ⌢ to Japan],
     │   C²   ‖
     │   science and technology
     └─ not the unwanted results of internationalization.
            C³

　　N※（名詞）＋ that ＋ V のときには、that は自動的に関係代名詞（主格）と考えよう。この場合、N は関代 that に対する先行詞である。undoubtedly を（ ）に入れたのは、副詞だからである。副詞は文の構成に影響を与えない。だから（ ）に入れて、飛ばして読めば文構造がより鮮明に見える。N ＋ that are となり、解テク8により that は「**関代**」（以下関係代名詞を時々「関代」と称す）。文全体の S は The rapid changes である。the resultant piosperity の直後には関代・目的格の which が略される。brought と to の間の ⌢ に the resultant prosperity がもともとあったのだが、先行詞として前に出た。「それら（の変化）が日本にもたらした、結果としての繁栄」という意味になる。尚、この not は「C², not C³ のパターンで「C³ ではなく C²」の意味（＝ not C³ but C²）。

【全訳】日本人の中には、国際化を西洋化と同じことだと考え、それによって自分たちが主張する日本の独自性の喪失はさらにもたらされるであろう、と危惧する者もいる。しかし、そういった考え方は誤っている。日本でまちがいなく生じつつある急速な変化は科学技術の発達の産物であり、その科学技術が日本にもたらした結果としての繁栄であって、望まざる国際化の結果ではないのである。

※N は noun「名詞」の頭文字。

Learn it by heart!　　　　　暗唱用例文 # 008　　　　　**CD-17**

We call the *phenomenon* **that** *is now taking place in Japan* "a declining birthrate."
我々は今日本で生じつつある現象を「少子化」と呼んでいる。

解テク 9 関係詞節は〔 〕にくくってみよ

●下線部を和訳しなさい。　**CD-18**

We go about our daily lives understanding almost nothing of the world. <u>We give little thought to the machinery that generates the sunlight that makes life possible, to the gravity that glues us to the Earth that would otherwise send us spinning off into space, or to the atoms of which we are made and on whose stability we fundamentally depend.</u>

(中央大・法)

【Words & Phrases】 go about ～ ～を行なう◆ daily lives 日常生活（単数形は a daily life）◆ understanding ～ the world 世の中についてほとんど何も理解しないで◆ give little thought to ～ ～についてほとんど考えない◆ machinery 機構；仕組み◆ generate （電気・熱などを）発生させる◆ makes life possible 生命の営みを可能にさせる◆ gravity 重力◆ glue A to B　A を B に釘づけにする◆ otherwise さもなければ◆ send A ～ ing　A を～する状態にさせる spin off into space 宇宙空間に飛び去る◆ atoms 原子◆ stability 安定性◆ fundamentally 基本的に

♣ otherwise「さもないと」とは「もし重力によって我々を地球に貼りつけておかなかったら」の意（= if the gravity did not glue us to the Earth）。ここでは「場合によっては」と意訳する（otherwise については解テク 76 参照）。of which の of は文末に移動してみると are made of「～で作られている」という熟語の of であることがわかる。

which と whose の共通の先行詞は the atoms。on は depend on の on が文末に来ることを嫌って whose の前に移動させたもの（前置詞で文を終えることは文体上好ましくないとされている。それを防ぐため、前置詞は関係詞の直前に出されるのがフォーマルな文体上の慣例）。尚、of which ～ と whose ～ の the atoms への修飾関係については右上の DIAGRAM を参照してほしい。

DIAGRAM

We give little thought to[1] the machinery 〔that generates the sunlight (that
S   V   O
makes life possible)〕, to[2] the gravity 〔that glues to the Earth (that
would 〈otherwise〉 send us spinning off into space)〕, or to[3] the
atoms 〔which we are made of ◌〕 and 〔whose stability we fundamentally
depend on ◌〕.

　上記の3つの〔　〕はいずれも関係代名詞節、つまり関代の直前にある名詞（つまり先行詞）を修飾する節である。名詞を修飾するので関係詞節は形容詞として機能する。英文を大きな流れとして読める力が掴めるようになる近道のテクとして関係詞節を〔　〕の中に入れて読む「関係詞節飛ばし」を勧めたい。〔　〕を飛ばして読めば前後が文法的にうまくつながることで全体の把握ができるのだ。

　〔　〕を抜くと次のような DIAGRAM になる。

We give little thought to[1] the machinery, to[2] the gravity, or to[3] the atoms.
　　　　　　　　　　　　　　　A　　　　　　　B　　　　　　　C
「我々は仕組み、重力、原子などについてほとんど考えることがない」

【全訳】我々は世の中についてほとんど何も理解しないで日常生活を行なっている。生命の営みを可能にしている太陽の光を生み出す仕組みや、場合によっては我々を宇宙空間に放り飛ばすであろう地球に我々を貼りつけている重力や、我々を作り上げている原子や、その安定性に自分が基本的に依存している原子などについて我々が思いを致すことはほとんどない。

Learn it by heart! 　　　暗唱用例文 # 009　　　**CD-19**

A major earthquake, *which brought about tremendous damage,* **hit Japan in 2011.**
大変な被害をもたらした大地震が 2011 年に日本を襲った。

27

解テク 10 「関代」の直後の I think は〔 〕にくくれ

●下線部を和訳しなさい。 CD-20

Our expectations are often deceived. <u>Things which we feared might do us hurt turn out to our advantage, and what we thought would save us proves our ruin.</u>

(大阪大)

【Words & Phrases】 expectation(s) 期待◆ deceive 〜をだます◆ fear 〜を恐れる◆ do A hurt A を傷つける◆ turn out to one's advantage 結局〜にとって有益であることが判明する◆ save 〜を救う◆ prove (to be) our ruin 我々を破滅させるものであると判明する

♣ 関係詞節や疑問詞で始まる疑問文の中に I think, I feel, I am sure などいずれも「私は〜と思うのだが」系の節が挿入されることがある。これを連鎖関係詞節又は連鎖疑問詞節と呼ぶが、〔 〕にくくって無視し、〔 〕の前後が意味と文法の両方の点でつながれば、挿入であることが確認できる。

Things which = what 「こと・もの」だから、Things which we feared might do us hurt は What we feared might do us hurt と書き換えることができる。do us hurt は「我々を傷つける」という第4文型 (S＋V＋O＋O) のイディオム。反対語は do us good「我々に利益を与える」。それぞれ hurt は「傷」、good は「利益」という名詞。turn out to our advantage は本来 turn out to be to our advantage で、to be が略されたもの。turn out (to be)「〜であることが判明する」と be to one's advantage「〜にとって有利である」が合体したもの。(prove to be) = turn out (to be) で、どちらも後に補語 (C) が来る。

DIAGRAM

Things 〔which (**we feared**) might do us hurt〕 turn out (to be) to our
  S   V

advantage,/ and 〔what (we thought) would save us〕 proves our ruin.
    C   S   V   C

　関係詞の中に feared と might do のように、2つのVが連なっていて不自然であることから、we feared を (　) に入れてみると、その前後はきちんとつながることから、挿入が確認できるわけだ。(we feared) と (we thought) という2つの挿入節を抜いて全部を読むと、構造がよく見えてくる。

　feared の本来の語順は、We feard that things might do us hurt.
「様々なこと (things) が我々を傷つけるかも知れないと我々は恐れた」
thought の場合は、We thought what would save us.
「何が我々を救うのだろうかと我々は思った」
　この連鎖関係詞節の訳し方としては、節の最後から順に訳し上げてゆくとスムーズに行えるので勧めたい。下の例で見てみよう。先行詞以下は①②③の順で訳し上げる。

He is the very person 〔that (I am sure) will live up to our expectations〕.
             ③   ②   ①

「彼はまさに①我々の期待に応えると②私が確信する③人物である。」

> 【全訳】我々の期待はしばしば裏切られる。我々を傷つけるかも知れないと恐れていたことは、結局自分に有益であることが判明することもあろうし、我々を救ってくれると思っていたことが結局我々を破滅させるものであったりもするのである。

Learn it by heart!　　　　暗唱用例文 # 010　　　　**CD-21**

She gave me some books which *she thought* I ought to read.
彼女は、私が読むべきだ**と彼女なりに思った**本を何冊か私にくれた。

解テク 11 「前置詞＋関係代名詞」は飛ばして読め

●下線部を和訳しなさい。

Because of man's great capacity for adaptability and his remarkable ingenuity, he can improve in a great variety of ways upon the manner in which other animals meet their needs. <u>Man has the ability to create his own environment, instead of, as in the case of other animals, being forced to submit to the environments in which he finds himself.</u>

（松蔭女子学院大）

【Words & Phrases】 because of 〜があるが故に◆ capacity 能力：受容力◆ adaptability 順応力：適応力◆ ingenuity 工夫する才能◆ in a great variety of ways 大変様々なやり方で◆ improve upon 〜をよりよいものにする◆ meet one's needs 自分の必要を満たす◆ instead of 〜の代わりに◆ as in the case of 〜の場合と同様に◆ be forced to (do) 〜せざるをえない◆ submit to 〜に服従する◆ find oneself in たまたま〜にいる

♣ in which, on which 等の「前置詞＋関代」はよく狙われる。なぜならば受験生の大きな弱点だからだ。しかし意外にやさしい。「前置詞＋関代」は飛ばして読めばよいのである。例えば the house in which I live は in which を飛ばして訳し上げれば「私の暮らす家」だ。3行目の the manner in which other animals meet their needs も、in which を無いものとして訳し上げてみよう。「他の動物が自らの要求を満たす方法」となる。

第1文は and の後にも because of が略されていると考えよ。in a great variety of ways は挿入された副詞句なので（　）に入れて考えよ。前後の improve upon は合わさって「〜をよりよいものにする」の他動詞として the manner を目的語 (O) にしている。

DIAGRAM

<u>Man</u> <u>has</u> the <u>ability</u> (to create his own environment), / instead of,
 S   V   O

(as in the case of other animals), being forced to submit to the

<u>environments</u> [**in which** he finds himself].

　文末の he finds himself とは he is「彼がいる」のこと。この be 動詞は「いる：ある」の存在を示す意味。the environments in which he is, つまり the environments which he is in「自分のいる環境」のこと。

　When I woke up, I found myself in a strange apartment.「目を覚ましたら、私は自分が見知らぬアパートにいることに気付いた」のように、find oneself ＋場所を示す前置詞句で「自分がたまたま～にいるのに気づく」が原義。2 行目の being forced to ～の意上の主語は文頭の Man「人間」。

　入試では in which の in について深く考えるような時間的余裕はない。ともかく飛ばして読み進むことだ。

【全訳】人間には順応性への偉大なる能力と注目すべき工夫する才能があるが故に、他の動物が自らの要求を満たしている方法を実に様々なやり方で改善することができる。<u>人間は、他の動物の場合のように、自分がたまたまいる環境に服従せざるを得ないのではなく、自分自身の環境を創造する能力を有しているのである。</u>

Learn it by heart!　　　　　暗唱用例文 ＃ 011　　　　　**CD-23**

The hill *on which* my house stands commands a fine view.
私の家が立っている丘は眺めが良い。

解テク 12 「前置詞＋関代＋ to」は to 以外飛ばして読め

●下線部を和訳しなさい。　　　　　　　　　　　　　　CD-24

The search for the origin of speech in the lower animals has not uncovered a single species that can communicate with all the same features found in human speech. <u>The most promising candidates in whom to search for the roots of human language, would appear to be man's closest relatives, the apes and monkeys</u>.

（同志社大・法）

【Words & Phrases】 search for 〜を探し求めること◆ the origin of speech ことばの起源◆ the lower animals 下等動物◆ uncover （秘密など）を暴く◆ single （否定文中で）ただひとつの（〜も…ない）◆ with all the same features found in human speech 人間のことばに見られるのと全く同じ特徴を用いて◆ promising candidate (s) 有望な候補◆ roots 根源◆ appear to be 〜であるように思われる◆ man's closest relatives, the apes and monkeys 人間に最も近い親類：すなわち類人猿やサル

♣ 通例、「前置詞＋関代」の直後には節（S＋V からなる文）が続くが、その簡略形として「前置詞＋関代＋ to 不定詞」が存在する。これも to 不定詞以外飛ばして読めば to 不定詞の形容詞用法として処理できる。「〜するため」と訳せる場合が多い。

　例　A microwave oven is an apparatus with which to heat up any food.
　　　= A microwave oven is an apparatus to heat up any food with.
　　　「電子レンジはどんな食品でも暖めるための器具である」

第 1 文の構造は以下のようになっている。

The search [for the origin of speech] [in the lower animals] has not uncovered
　S　　　　　　　　　　　　　　　　　　　　　　　　　　　　　　　　V
a single species [that can communicate / with all the same features (found
　　　O　　　　　　　関代　　　　　　　　　　　　　　　　　　　　　　p.p
in human speech)].

尚、communicate の直後の with の意味は「〜を用いて」。using （現在分詞）と置き換え可能である。決して with all「〜があるにもかかわらず」ではない。どちらの意味かを判断する材料は文脈でしかない。解釈の微妙な選択に迷った場合、最後には文脈 (context) が決め手となる。

DIAGRAM

The most promising candidates [**in whom** to search for the roots of human
　　　　　S
language], would appear to be man's closest relatives, the apes and
　　　　　　　V　　　　　　　　　　C　　　　↑同格のカンマ
monkeys.

in whom を飛ばして to search 〜 language を先行詞 the most promising candidates にかけて読むと「人間のことばの根源を捜すのに最も有望な候補」。in の意味は次の語順から理解できる。

search for the roots of human language <u>in</u> the most promising candidates
「最も有望な候補（サル）に人間の根源を捜し求める」

文尾のカンマは同格のカンマ（解テク3）で、man's colsest relatives = the apes and monkeys の関係。

【全訳】言語の起源を下等動物に求める作業によって、人間の言語に見受けられるのと全く同じ特徴を用いて意志の伝達が出来る種はただの一種類も見つかってはいない。<u>人間の言語の根源を探し求めるのに最も有望な候補は、人間に最も近い親類である類人猿とサルであるように思われる。</u>

Learn it by heart!　　　　　　　暗唱用例文 # 012　　　　　　　**CD-25**

Language is the means *with which to* communicate with other people.
言語は他の人と意志の伝達を行う**ための**手段である。

解テク 13 「前置詞＋関代」の前置詞は後ろに送ってみよ

●下線部を和訳しなさい。　　　　　　　　　　　　　　CD-26

　Early experiments to teach chimpanzees to communicate with their voices failed because of the insufficiencies of the animals' vocal organs. <u>However, when attempts were made to communicate with them using boards on which various signs were drawn, dramatic progress was observed</u>.

（宇都宮大）

【Words & Phrases】　teach A to (do)　A に〜のしかたをを教える◆ fail 失敗する ◆ insufficiencies 不十分な点◆ vocal organs 発声器官◆ attempts were made to 〜 〜する試みがなされた using 〜を使って◆ sign (s) 記号◆ draw（絵）をかく◆ observe 〜を観察する

♣「前置詞＋関代」のパターンの際、その前置詞を関係詞節の末尾に送ってみると、その前置詞の意味が判明する。第 2 文では、boards which various signs were drawn on と「様々な記号が書かれた板」となり、draw various signs on boards「様々な記号を板の上に書く」の on だということがわかる。口語では drawn on で文を終わってもよいが、文語では前置詞を文末に置くのは不恰好とされているから、体裁のために on which とするだけのことである（p26 の解説参照）。

第 1 文の構文は下記のようになる。

<u>Early experiments</u>〔to teach chimpanzees to communicate with their voices〕
　　　S

<u>failed</u> / because of the insufficiencies of the animals' vocal organs.
　V

骨格だけにすると <u>Early experiments</u> <u>failed</u>.「初期の実験は失敗した」
　　　　　　　　　　S　　　　　　V

の第 1 文型。

DIAGRAM

However, / when attempts were made to communicate with them / using
　　　　　　　　　　～がなされた　　　　　　　　　　　　　　　　　　　～を使って
boards 〔which various signs were drawn **on** 〕 / , dramatic progress
　　　　　　　　　　　　　　　　　　　　　　　　　　　　　　　　　S
was observed.
　V

　　前置詞＋関代を〔　〕にくくる場合は例外なく前置詞も〔　〕の中に入れること。これは常に守ってほしい。

when attempts 〔to communicate with them using boards on which various
　　　　　S
signs were drawn〕 / **were made**.
　　　　　　　　　　　　　　V

　上記が本来の語順だが S が長くなるために were made を前置したもの。能動態では make attempts to (do)「～をする試みを行う」。I made a variety of attempts to persuade him, but in vain.「私は彼を説得するための様々な試みを行ったが無駄だった」。attempts were made to ～は一種の倒置（解テク 62）であり、「～をする試みがなされた」の慣用表現でもある。暗記しておきたい。

【全訳】チンパンジーに自分の声で意志の伝達を行うことを教えようとする初期の実験は、発声器官の不十分さ故に失敗した。しかし、様々な記号が書かれた板を用いて彼らと意志の伝達を行う試みがなされたときには、劇的な進歩が観察された。

Learn it by heart! 　　　　　暗唱用例文 # 013　　　　　**CD-27**

We were amazed at the ease *with which* the boy learned French.
我々はその少年がたやすくフランス語を身につけたことに驚嘆した。

Arab nations are important countires *on which* Japan depends for oil.
アラブ諸国は日本が石油のことで依存する重要な国である。
（depends on の on が前に出たもの）

解テク 14 「前置詞＋関代」の前置詞の意味確認法

●全文を和訳しなさい。　**CD-28**

> Learning is an extraordinarily active process. When you see the energy and enthusiasm with which young people acquire knowledge——especially about things you don't want them to learn—you cannot help being impressed by their learning ability.
>
> （岩手大・人文）

【Words & Phrases】　extraordinarily はなはだしく：非常に◆ enthusiasm 熱意◆ acquire 〜を獲得する◆ cannot help 〜 ing 〜せざるを得ない◆ be impressed by 〜に感心する

♣「前置詞＋関代」のほとんどは、無視して意味が通じる。しかし、その前置詞に全く意味がないわけではないし、読んでいても気になるはずである。そこで前置詞の意味を確認する方法を伝えよう。①まず**前置詞を含めて関係詞節を〔　〕にくくってみる**。②先行詞と関代は一心同体で言わば光と影（先行詞が光で関代が影）。だから、**先行詞を関代に代入する**。③〔　〕内は完全な文として読める。これで前置詞の意味がわかる。本文で確認してみよう。

① 前置詞を含めて関係詞節を〔　〕に入れる。

　see the energy and enthusiasm〔with which young people acquire knowledge〕
　　　　　　　　　　　　　　　　　　└──〔　〕でくくる

② 先行詞を関代に代入する。

　see the energy and enthusiasm〔with the energy and enthusiasm young people acquire knowledge〕
　　　　　　　　　　　　　　　　　　　代入する

③〔　〕内は完全な文として読める。

　With the energy and enthusiasm young people acquire knowledge.
　「エネルギーと熱意をもって、若者は知識を獲得する」。
→「エネルギッシュかつ熱心に、若者は知識を身につける」（意訳）。

DIAGRAM

◉ the energy and enthusiasm 〔with which young people acquire knowledge 〕. 若者が知識を獲得するエネルギーと熱意

↓

◉ With energy and enthusiasm / young people acquire knowledge.
エネルギーと熱意をもって、若者は知識を獲得する

上が本文で、下は左ページの解説の③。下の文でwithが「〜をもって・伴って」とわかる。前置詞の意味を確認したいときは、以上の手順で行えばよい。

Coffee Break すぐ和訳文を書くな

英文を読む端から和訳を書き始める人がいる。自分の書いた和訳文を読んで初めて英文の意味を知る本末転倒の人もいる。読解力のつかない原因はそれだったのだ。まずじっくり英文を左から右に読むのだ。わかるまで何度も繰り返す。徐々に大意はつかめてくる。和訳を書かないで何度も英文を読み返すプロセス。これによってのみ読解力は生まれる。わかるまで諦めずに読め。同じ英文でよい。同じ英文を反復読書する回数の多い者が「英文の読める人」になれる。和訳文は書かなくてよい。口頭訳で十分だ。和訳を書かずに何度も読みこめ。これが達人への道だ。

吉　ゆうそう

【全訳】学習とは極めて自発的な作用である。若者が知識を獲得する際のエネルギーと熱心さを目にするときには（特に彼らに学んでほしくないことについては）彼らの学習能力には感心せざるを得ない。

Learn it by heart!　　暗唱用例文 # 014　　CD-29

The basic law *by which* animals live is "survival for the fittest."
動物が生きる上での基本的な法則は「適者生存」である。

解テク 15 飛ばして読めない without which

●下線部を和訳しなさい。　　　　　　　　　　　　　　CD-30

The law restricts physical assault by one person on another ; if the unlimited assault were permitted no human society could survive, <u>for there would not even be that minimum degree of security without which human calculation for the future would be in vain</u>.

(明治大・法)

【Words & Phrases】　restrict 〜を制限する◆ physical assault 肉体的攻撃：暴行 permit 〜を許す◆ survive 存続する◆ for というのは〜だから（解テク6）◆ minimum degree 最小限度 security 安全◆ calculation 見積もり：予測◆ be in vain 無駄になる

♣ ほとんどの「前置詞＋関代」は飛ばして読めるが、例外的に without which のような前置詞の意味の比重が大きいものは飛ばして読めない。例えば次の文。The earth is blessed with water without which no creature would live even for an hour.「地球はもしそれがなかったらどんな生物も一時間も生存できないであろう水に恵まれている」と訳し上げたり、また訳し下げて「地球は水で恵まれており、もし水がなかったらどんな生物も一時間生きてはいられまい」とする。この without which にさえ気をつければ、大体他は「飛ばすテク」（解テク11）で OK である。

　1行目は <u>The law</u> <u>restricts</u> <u>physical assault</u>. の第3文型。by one person は挿
　　　　　　S　　　　V　　　　　O
入句で、本来 physical assault on another (person) で「他人への暴行」。physical assault by one person on another で「ある人間による別の人間への暴行」。one と another で用いる代名詞のセットで「ある者とまた他の者」という意味で不特定の人物について使う。another の後には person が略されている。

DIAGRAM

, / for there would not even be <u>that minimum degree of security</u> [**without**

which human calculation for the future would be in vain].

解テク 14 に従って without which 以下の関係詞節を、which を先行詞に代えて文に仕上げてみよう。

Without <u>that minimum degree of security</u>, human calculation for the future
　　　　　　　　　‖
　　　　　　　which

would be in vain.

「もしその最小限度の身の安全がなくなれば、将来の人間への予測は無駄なものとなるであろう」

尚、DIAGRAM 文頭の for は「というのは〜だから」(解テク 76) の接続詞である。

【全訳】法律はある人間による他の人間への肉体的攻撃を制限している。もし無制限な攻撃が許されたら、どんな人間社会も存続できまい。<u>というのは、最小限度の身の安全すらなくなるであろうし、またそれがなくなれば、将来への人間の計画は無駄なものとなるであろうからである。</u>

Learn it by heart!　　　　　暗唱用例文 # 015　　　　　**CD-31**

He loaned me a considerable sum of money *without which* I would have gone bankrupt.

彼はかなりの額の金を貸してくれたが、**それがなかったら私は破産**していただろう。

39

解テク 16 「, which」は「そしてそれは (を / に)」

●下線部を和訳しなさい。　　　　　　　　　　　　　　CD-32

The English are so fond of talking about the weather. It is the most polite subject which could possibly be introduced in beginning a conversation with a stranger. In addition to this, <u>hardly anybody is an expert on the weather, which cuts down the risk of having to suffer a lecture of the subject</u>.

(新潟大)

【Words & Phrases】　can possibly 何とかして：できる限り ◆ in addition to ～に加えて ◆ hardly ほとんど～ない ◆ an expert on ～の専門家 ◆ cut down ～を減らす ◆ the risk of ～ing ～するという危険性 ◆ suffer ～に苦しむ：を受ける

♣ 関係代名詞の前にカンマ (,) を置くと、先行詞を付加的（又は挿入的）に説明する非制限用法となる。「, which」となるので「そしてそれは」などと、カンマを境界にして訳し下げればよい。ただし「, which」以下の節の意味内容によって「しかしそれは (を)」とか「なぜならそれは」などと微調整する場合もある。

　例 He denied ever having met her, which was a lie.
　　「彼は彼女に会ったことを否定したが、それは嘘だった」

which の先行詞は直前の He denied ever having met her の全文である。このように非制限用法においては、関係詞の先行詞が直前の全文ということも可能である。また直前の名詞が先行詞の場合もある。いずれかの判断は関係詞以下の文意から行なう。

第2文の主語 It は前文の the weather。could は「～し得る」と断定することを避けるために仮定法過去時制にして「～し得るであろう」と表現を控え目にしたわけである。ここでは日本語に訳出するほどのことではない。

> **DIAGRAM**
>
> hardly anybody is an expert on <u>the weather</u>, / **which** cuts down the risk of having to suffer a lecture of the subject.

　which の先行詞は which 以下の意味内容から判断して the weather。ここでのカンマ＋ which は「そして天候（という話題）は」となる。the subject は「その（天気という）テーマ・主題」。
　もう一つ用例を挙げよう。
He introduced me to a guy that he found very capable, **who** turned out not to be soon after.
「彼は有能だと思う男を私に紹介した**が、その男は**まもなくそうでないことが判明した」

> 【全訳】英国民は天候について語ることを非常に好む。天候は見知らぬ人との会話を始める際の導入に可能な限り使うことのできる最も礼にかなった話題なのである。それに加えて、<u>天候についての専門家などほとんどいないわけだし、天候は、そのテーマについての講義を相手から受けなくてはいけないという危険性を減らしてもくれるわけである</u>。

Learn it by heart!　　　　暗唱用例文 # 016　　　　**CD-33**

I hate even the sight of oysters, *which* always give me an upset stomach.
私は牡蠣（かき）を見るのさえ嫌だ。**なぜなら**牡蠣を食べるといつもお腹をこわす**からだ**。

解テク 17 「, who」は「そしてその人は（を / に）」

●下線部を和訳しなさい。

　Many people believe that law is synonymous with justice, and an equally large section of the community who conceive law as one thing and justice as another find it difficult to draw the line between them. <u>They have not been helped by philosophers, who have failed to agree on what constitutes justice and to define it in a manner acceptable to all.</u>

（中央大・法）

【Words & Phrases】　be synonymous with 〜と同義である◆justice 正義◆a large section of 〜の大多数◆community 地域共同体（社会）◆conceive law as one thing and justice as another 法律と正義を全く別のものであるとみなす◆find it difficult to 〜 〜することを難しいと思う◆draw the line between them 法律と正義の間に一線を引く（明確に区別する）◆philosopher (s) 哲学者◆fail to 〜しない：できない◆agree on 〜について意見が一致する◆constitute 〜を構成する：である◆define 〜を定義する◆acceptable 容認可能な：受諾しうる

♣下線部の They は前文の a large section of the community「社会の大多数」。解テク 16 同様、「, who」は「そしてその人は（を / に）とまず考え、後で文脈からその訳を微調整すればよい。what constitutes justice は「何が正義を構成するか」、すなわち「正義とは何か」の名詞節。constitutes = is と考えてよい。and to define は and have failed to define のこと。acceptable 以下は直前の a manner にかかる後置修飾句。a manner acceptable to all = a manner which is acceptable to all people

2 行目の構造は次のようになる。

an equally large section of the community 〔who conceive law as one thing
　　　　　　　　　S
and justice as another〕 find it difficult to draw the line between them.
　　　　　　　　　　　　 V　O　C　　　　　　　　　　　　　　　　　　
　　　　　　　　　　　　　　　　　　　　　　　　　　　　law と justice

DIAGRAM

They have not been helped by philosophers, / who have failed to¹ agree
‖
a large section of the community

on 〔what constitutes justice〕 / and (have failed) to² define it / in
　　何が

a manner 〔acceptable to all〕.
～なやり方で　（後置修飾）

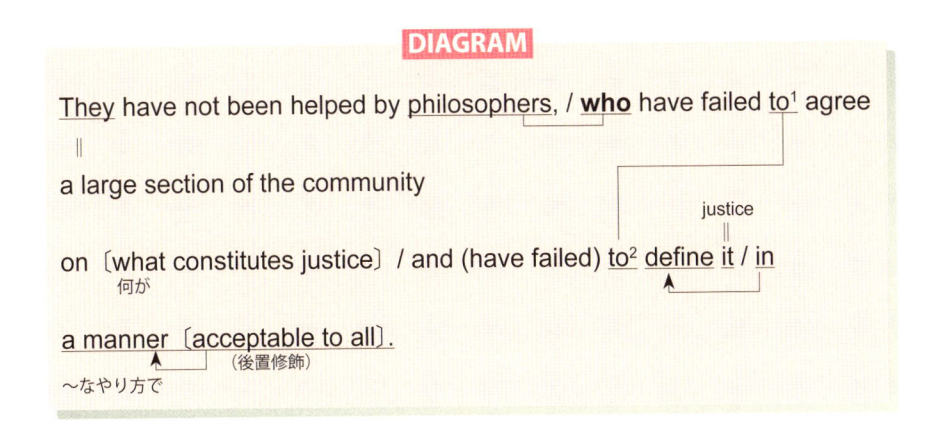

ここの who 以下は前文の理由となっているので、「**というのは、彼らは～できなかったからである**」と意訳した方が文意に合う。左ページで述べた微調整とはこのことである。また、先行詞を明確に訳出する方がわかりやすい。従って「というのは、**哲学者たち**は～できなかったからである」となって仕上がり。

【全訳】多くの人々は法律が正義と同義であると信じており、また、法律と正義を異なるものであるとみなすほぼ同数の社会の大半の人々はそれら（法律と正義）を明確に区別することを難しいと思っている。彼らには哲学者たちも助けとはならないのである。というのは、哲学者たちは正義とは何かということについて今まで意見の一致を見てこなかったし、全ての人に受け入れられるように定義できなかったからである。

Learn it by heart!　　　暗唱用例文 # 017　　　**CD-35**

The ship was packed with refugees, *who* were full of hopes and dreams.
船は難民でごった返していたが、**彼らは**希望と夢にあふれていた。

解テク 18 「, ＋前置詞＋関代」は読み下せ

●下線部を和訳しなさい。　　　　　　　　　　　　　　　　CD-36

There are about three hundred operating satellites orbiting the Earth right now, but there are many more satellites that, though they have ceased operation, are still whirling about up there.

<u>Some satellites have exploded or have collided, one with another, and each time this happens, they fragment into small pieces, all of which continue to orbit the Earth.</u>

（京大）

【Words & Phrases】 operating 稼働中の◆ satellite (s) 人工衛星◆ orbit ～の周囲を軌道を描いて回る◆ cease ～を止める◆ still 今でも◆ whirl about ぐるぐる回る (about = around)◆ up there あそこで；上空で◆ explode 爆発する◆ collide 衝突する◆ each time（従位接続詞）～が…するたびに◆ fragment into small pieces 粉々に砕ける

♣ 関係代名詞の非制限用法である「, which」などはカンマで切って読み下すことを解テク 16・17 で述べたが、関代の前に前置詞や much of, some of などが不随しても基本的方法は変らない。例えば、, much of which なら「そしてそれの多くは」で、「, some of whom」なら「そして彼らのうちの何人かは」となる。

　第 1 の There are N s +～ ing ～。のパターンに慣れて置くとよい。「後ろから訳し上げて「～している ☐ がある」（N は名詞のこと）という意味である。～ ing の現在分詞が直前の ☐ にかかる形である。There are N s + p.p. ～。なら「～された ☐ がある」となる。

　例 *There are some* voices *raised* against the construction of a nuclear power plant among the residents.
　「住民から原子力発電所の建設に反対する声が上がっている」

44

> **DIAGRAM**
>
> Some satellites have exploded or have collided, one with another, / and
>   S   V¹   V²
> each time this happens, / they fragment into small pieces, / **all of which**
>   = 前文   S   V
> continue to orbit the Earth.

　have collided, one with another は、one satellite with another satellite「お互い衛星同士と」の意味で、副詞句として have collided を修飾している。「, all of which」の先行詞は small pieces。「そしてそのすべてが」と読み下す。
　次も「カンマ＋前置詞＋関代」の例である。

> 例 I made friends with *him*, **through whom** I got acquainted with the present boyfriend.
> 「私は彼と友達になった。**そして彼を通して**現在のボーイフレンドと知り合った」

【全訳】目下約 300 個の稼働中の衛星が地球の周囲を軌道を描いて回っているが、稼働を中止しているにもかかわらず今だに上空でぐるぐる回っている、もっと多くの衛星が存在している。
　爆発してしまったり、お互い同士衝突している衛星も幾つかあり、これが発生するたびに、それらは粉々に砕ける。そしてその破片のすべては地球の周囲を軌道を描いて回り続けているのである。

Learn it by heart!　　暗唱用例文 # 018　　**CD-37**

His house is luxurious, *in comparison to which*, mine is nothing but a shack.
彼の家は豪勢で、**それに比べたら**我が家はほっ建て小屋に過ぎない。
I came up with a good idea, *to which* the boss paid no attention.
私は良い着想を得た**が、それに対して**上司は全く注意を払ってくれなかった。

解テク 19 「, which 節」の後に「,」があれば〔 〕でくくれ

●下線部を和訳しなさい。　　　　　　　　　　　　　　　CD-38

　If there happens to be a wave of fear or dislike of the Japanese, the average European will readily evoke negative images towards them inherited from a previous generation.

　All the qualities normally attributed to the Japanese will then take on their negative aspects—"group behavior" becomes "regimented," "willingness to learn" becomes "slavish imitation" and so on.

　<u>Faced with these sharply contrasted images of Japan, which are now part of the European inheritance, it is not uncommon for Europeans to conclude that the Japanese themselves must be unpredictable, if not incomprehensible.</u>

（岐阜大・前）

【Words & Phrases】　　wave（社会的な）高まり◆ readily すぐに◆ evoke 〜を呼び起こす：呼び覚ます◆ inherited 受け継いだ◆ previous 以前の◆ All 〜 Japanese 通常日本人に備わっているとされるあらゆる特質（attributed は p.p. で前にかかる）◆ then そのとき：その際に◆ take on 〜の様相を帯びる◆ negative aspects マイナスの面◆ regimented（軍隊式に）統制されている willingness to (do) 進んで〜しようとする意欲◆ slavish imitation 独創性のない模倣◆ and so on などなど◆ be faced with 〜に直面する◆ contrasted 対照的な◆ inheritance 相続財産：伝統 uncommon 異常な：珍しい◆ conclude 〜と結論する◆ unpredictable 予測不可能な◆ incomprehensible 理解不可能な◆ if not 〜ではないにせよ

♣ 下線部の which 以下は解テク 2 の変形で、which 節が〔 〕に入った形で補足説明のために挿入されたもの。「, which 節,」は〔 〕でくくろう。

　3 行目の towards them と inherited from a previous generation は共通に直前の negative images を修飾している。

DIAGRAM

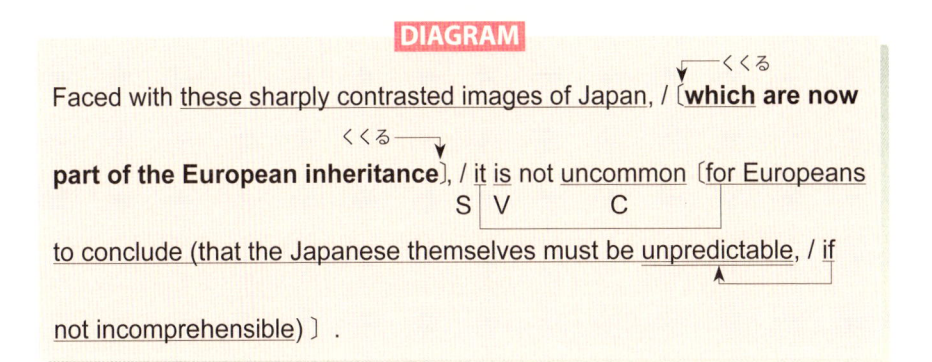

Faced with <u>these sharply contrasted images of Japan</u>, / [which are now part of the European inheritance], / it is not uncommon [for Europeans to conclude (that the Japanese themselves must be <u>unpredictable</u>, / if not incomprehensible)].

（S：it　V：is　C：uncommon）
（which are now part of the European inheritance → くくる）

Faced の前に Being が略された分詞構文（解テク 57 参照）。〔　〕は挿入された節なのだが、〔　〕から前に訳し上げるとスムーズに訳せる。it は it 〜 for 〜 to 構文の仮主語で、for 以下の〔　〕が真主語。文末の if not 以下は unpredictable にかかるが、完全な節にすると even if they are not incomprehensible となり、「たとえ彼ら（日本人）が（西洋人に）理解できない民族ではないにしても」という譲歩の意味。

【全訳】もしも日本人に対する恐怖心や嫌悪感の高まりが生れたら、普通のヨーロッパ人はすぐに前の世代から受け継いだ日本人への良くないイメージを思い起こすであろう。

　ふつう日本人の属性とされている全ての特質は、その際に、マイナス面の意味合いをも帯びてくる。即ち、「集団行動」は「統制されている」とされ、「学習意欲」は「猿マネ」とされる、などである。

　今やヨーロッパ人の伝統であるこういった日本へのきわ立って対照的なイメージに直面して、ヨーロッパ人が日本人そのものを、理解できなくはないにせよ何をするか予測できない民族であるに違いない、と結論を下すことは珍しいことではない。

Learn it by heart!　　　　暗唱用例文 ♯ 019　　　　**CD-39**

The members of the club, *who are all Japanese*, can communicate in English.

そのクラブのメンバーは、**全員日本人**だが、英語で会話ができる。

解テク 20 「, 前 + which 節」の後に「,」があれば〔 〕でくくれ

●下線部を和訳しなさい。　　　　　　　　　　　　　CD-40

　As human numbers grew, and human technology advanced, more and more fuel was needed and, on the whole, more fuel was burned (and used for other purposes) than was produced. The forests shrank. <u>Indeed, humanity could not have experienced the Industrial Revolution, during which the need for fuel was multiplied many times, had new fuels not come into use—chiefly coal, oil and natural gas.</u>

（福島大）

【Words & Phrases】　as 〜につれて◆ advance 発達する◆ more and more ますます多くの◆ fuel 燃料◆ on the whole 概して◆ for other purposes 他の目的で◆ forest (s) 森林◆ shrink 縮む（shrink-shrank-shrunk）◆ humanity 人類◆ the Industrial Revolution 産業革命（1760年頃より）◆ the need for 〜への必要性◆ be multiplied 増える◆ many times 何倍も◆ come into use 使用されるようになる◆ chiefly 主に◆ coal 石炭◆ natural gas 天然ガス

♣「, which」が「そしてそれは（を / に）」であることは解テク 16 で述べた。ここではその応用で which の前に前置詞などのつく場合を扱おう。意外に簡単で、例えば「, from which」は「そしてそれから」と読み下す形の副詞句になる。which は「それ」に相当する。本文の「, during which」も「そしてその間に」となって直後の the need 〜 many times までを副詞句として修飾する。

　3 行目の than は関係代名詞で先行詞は more fuel。more fuel〔than was produced〕was burned and was used for other purposes として、than was produced を前に移動させるとわかりやすい。尚、than が関代であると判定する方法は than を which に代えてみるとよい。すると fuel which was produced で「生産された燃料」となり、which の代わりに than が関代として使われたことが明確にわかる。

DIAGRAM

humanity could not have experienced the Industrial Revolution, 〔during
　S　　　　　　　　V　　　　　　　　　O
which the need for fuel was multiplied many times〕, / had new fuels not

　　　　　　　　　　　　　　　　　　　　　　　　if new fuels had
come into use / ―chiefly coal, oil and natural gas.

　仮定法過去完了形の文。had 以下は倒置で had new fuels not come＝if new fuels had not come（解テク 64 参照）。〔　〕は関係詞節の挿入で直前の文の理由が述べられているから「というのはその産業革命の間に〜だったからだ」と読み下して行けばよい。

　, during *which* the need for fuel was multiplied many times を書き換えると、
, and during *the Industrial Revolution*, the need for fuel was multiplied many times となる。

【全訳】人類の数が増え、人類の技術が発達するにつれて、ますます多くの燃料が必要となった。そして概して、生産された燃料より多くの燃料が燃やされた（そして燃やす以外の目的にも使われた）。（かくて）森林は減っていった。実際、もし新しい燃料―主に石炭、石油、天然ガス―が使われるようにならなかったならば、人類は産業革命を経験することはあり得なかったであろう。というのは産業革命の間に燃料への需要は何倍も増えたからである。

Learn it by heart!　　　暗唱用例文 # 020　　　**CD-41**

All the passengers, *two of whom got married to each other later,* **survived the crash.**
乗客は、**そのうち二人は後に結婚したが**、全員墜落事故から生還した。

解テク 21 現在完了形は現在形の一種

●下線部を和訳しなさい。　　　　　　　　　　　　　　　　CD-42

There is abundant evidence to suggest that attempts to suppress your appetite voluntarily encourage the body to make fat. Only four people out of a hundred continue, after dieting, to keep their weight down : 76 percent of all dieters are fatter after three years than they were before they began, and 95 percent after five years. <u>Eating disorders have recently been reported to be twice as widespread as had been thought, and these cases are steadily increasing</u>.

（愛知教育大）

【Words & Phrases】　abundant 豊富な◆ attempt 試み◆ suppress 〜を抑圧する◆ appetite 食欲◆ voluntarily 自発的に◆ encourage A to (do) A に〜することを促す◆ four people out of a hundred 100人中4人◆ keep one's weight down 自分の体重を増やさないでおく◆ eating disorder (s) 食事障害◆ widespread 広まっている◆ steadily 着実に

♣ 現在完了形（have 又は has ＋ p.p.）は現在形の一種である。過去のある時点から現在に至ってもなお動作又は状態が継続中である、という意味である。「今まで〇〇をしてきたが、今もそれを行なっている」がその具体的イメージである。下線の Eating 〜 have recently been reported は「最近のある時から報告されはじめ、今も引き続き報告されている」のこと。現在完了形の訳し方は文全体から判断するしかない。例えば次の英文はどう訳すか。

　The Internet has gained immense popularity in the last decade.

「インターネットは過去十年間で大変な人気を（①得た　②得てきた　③得ている　④得てきている）。」全て正解である。日本語に現在完了形がないため、仕方のないことである。

　1行目の to 以下は evidence を修飾して「〜を示す証拠」の意。that 以下ピリオドまでは suggest の目的語とする名詞節。that の中を見てみよう。

attempts〔to suppress your appetite〕voluntarily encourage the body to make
　S　　　　　　　　　　　　　　　　　　　　　V　　　　O　　C
fat.

> **DIAGRAM**
>
> <u>Eating disorders</u> **have** (recently) **been reported** to be twice as widespread
>   S   V   C
> / as (eating disorders) had been thought (to be widespread),

be reported to be ～は「～であると報告されている」。twice as A（形容詞）as B（節）で「B より 2 倍 A」。後ろの as は疑似関係代名詞であるが、それよりむしろ as の直後に主語 disorders が省略されていると考える方がわかりやすい。その場合にはこの as は従位接続詞。文末にも上図のように to be widespread を補って考える。後半の訳は「それまで（広まっていると思われていた）より二倍広まっている～」となる。

例 The concert was **twice as** wonderful **as** had been expected (to be).
「コンサートは期待されていた**より二倍**すばらしかった」

【全訳】食欲を抑えようとする試みが体に自発的に脂肪を作ることを促すということを示す豊富な証拠がある。ダイエットのあとで、100 人中わずか 4 人だけしか減量状態を保ち続けることができなかった。ダイエットした人全員のうち 76％の人々は、始めた頃より 3 年後の方が太っていた。そして 95％の人は始めたときより 5 年後の方が太っていた。<u>食事障害は今まで考えられていたより二倍も広まっていると最近報じられており、そういった事例は着実に増えつつある</u>。

Learn it by heart!　　　　暗唱用例文 # 021　　　　　　　　　　CD-43

Quite a number of people *have been reported* to be allergic to pollen.
かなり多くの人々が花粉に対してアレルギー体質であることが**報告されている**。

解テク 22　過去完了形は「過去の過去」

●下線部を和訳しなさい。　　　　　　　　　　　　　　　　　CD-44

　On Christmas Day, in the year 1642, Isaac Newton was born at the small village of Woolsthorpe, in England. <u>Little did his mother think, when she beheld her new-born baby, that he was destined to explain many matters which had been a mystery ever since the creation of the world.</u>

（奈良教育大）

【Words & Phrases】　Isaac Newton（アイザック・ニュートン）英国の数学者・物理学者・天文学者。万有引力の発見者 (1642-1727) ◆ Little did his mother think 〜 〜を彼の母は考えたこともなかった ◆ beheld 〜を見た：注視する（活用は behold-beheld-beheld）◆ be destined to (do) 〜することを運命づけられている ◆ matter (s) ことがら ◆ the creation of the world 天地創造

♣ had + p.p. の型をとる過去完了形は「大過去」と考えればよい。過去形の一種で、神経質になる必要は全くない。ある文、又は段落の中で過去時制が使われた際に、その過去の時間より以前のことを述べる必要が生じた場合、had + p.p. が使われる。読み手に、過去の時制の中での時間のズレを認識させるためである。

　例　When I *got* to the airport, the plane **had** already **taken** off.
　　　「私が空港に着いた時には、飛行機は既に離陸していた」

> **DIAGRAM**
>
> Little did his mother think, 〔when she beheld her new-born baby〕, 〔that
>   S   V   O
>
> he was destined to explain many matters (which **had been** a mystery /
>
> ever since the creation of the world)〕.

　最初の〔　〕は副詞節として挿入されている。2つ目の〔　〕はthinkの目的語となる名詞のthat節。(　)は先行詞many mattersを修飾する関係代名詞節。文頭のLittle did his mother thinkが過去形になっている。この過去時制よりも後半のhad beenの方が時間的に古い。

　尚、Little did his mother think ～はNever did his mother thinkと言い換えることもできる「彼の母は～と考えたことは決してなかった」という強意の倒置文である。littleは通例は「ほとんど～ない」という弱否定の副詞であるが、think、imagine、dreamなどの「～と思う」系の語を修飾する場合には「決して～ない」という全体否定になる。

> 【全訳】1642年のクリスマスの日、アイザック・ニュートンは英国のウルソープという小さな村に生まれた。母は自分のその新生児を見たとき、その子が天地創造以来ずっと謎であった多くの事柄を説明する運命にあることなど全く考えもしなかった。

Learn it by heart! 　　　　暗唱用例文 # 022　　　　**CD-45**

I found that the train *had left* three minutes earlier.
列車はその3分前に出発**していた**ことを私は知った。

解テク 23　文頭の of は大体「～のうちで」

●下線部を和訳しなさい。　　　　　　　　　　　　　　　CD-46

　<u>Of the many ways in which man differs from other animals two are especially important in the study of how he learns.</u> Firstly, the human offspring is dependent on its parents for much longer than the young of any other animal. Secondly, man is unique both in his almost limitless capacity for learning through communication with his fellows and in the degree of his need to do so if a human society is to work.

（上智大・理工）

【Words & Phrases】　ways 点（＝ respects）◆ man（無冠詞で総称的に）人類 ◆ differ from ～とは異なる ◆ Firstly まず第一に ◆ offspring 子：子孫 ◆ be dependent on A for B　B のことで A に依存している ◆ the young 子供（＝ the offsprings）◆ Secondly 二番目に ◆ capacity for ～の能力 fellow(s) 仲間 ◆ degree 程度：度合い ◆ do so ＝ learn through communication ◆ work 機能する

♣文頭の of は大体「～のうちで」と考えて読解するとよい。ただし、次のような例外もたまには出てくるので注意したい。

　　例　**Of** his whereabouts none of us are sure.
　　　「彼の行方**については**、我々の誰も知らない」

　これは本来、None of us are sure of his whereabouts. であった文の of 以下を強調で文頭に出したもの。一種の倒置である。be sure of の熟語を覚えていれば、この of はすぐ判断がつくはずである。この of は「～について」の意味で about と置き換え可能。

　4 行目の much longer 以下は「～よりずっと長く」の副詞句として is dependent にかかる。...er than any other ～で「他のいかなる～よりずっと…」。5 行目の both in A and in B は「A と B の両方において」。7 行目の if 以下は副詞節として直前の do so を修飾する。

DIAGRAM

Of the many ways 〔in which man differs from other animals ◯ 〕 / two
                                                                   S

(ways) are (especially) important / in the study of 〔how he learns〕.
　　　　 V　　　　　　　　C　　　　　　　　　　　　　　　‖
　　　　　　　　　　　　　　　　　　　　　　　　　　　　　man

　段落の最初に **of** がある場合、特に「〜のうちで」の可能性が高い。in which は常に飛ばして読むとよい（解テク 11 参照）。文末の in 以下の直訳は「どのように人が学習するのかについての研究において」。

【全訳】人間が他の動物と異なる多くの点のうちで、人間の学習方法の研究において二つの点が特に重要である。まず第一番目に、人間の子供は他のどんな動物の子供よりもずっと長い間、親に依存していることである。

　二番目に、人間が唯一無比の存在であることは、人間が仲間とのコミュニケーションを通して学習することにおいてほとんど無限の能力を有していることと、人間社会が機能するためには人間はそうやってコミュニケーションによって学習をする必要性の度合いが実に大きい、という両方の点においてである。

Learn it by heart! 　　　暗唱用例文 # 023　　　**CD-47**

Of all the sports I like volleyball best.
あらゆるスポーツ**のうちで**私はバレーボールが一番好きである。

解テク 24　make を見たら make ＋ O ＋ C を疑え

●下線部を和訳しなさい。　　　　　　　　　　　　　　**CD-48**

　The history of other animal species shows that the most successful in the struggle for survival have been those which were most adaptable to changes in their world. <u>We have made ourselves by means of our tools beyond all measure more adaptable than any other species, living or extinct ; and we continue to do so with gathering speed</u>.

（京都府立大）

【Words & Phrases】　species（単複同形）種◆ the struggle for survival 生存競争◆ adaptable 適応性のある◆ by means of 〜の手段によって：〜で◆ extinct 絶滅した◆ with gathering speed 加速度的に

♣第 1 文は第 3 文型（S ＋ V ＋ O）で show の目的語は that 節であるピリオドまで。2 行目の successful の後には反復を嫌って species が略されている。2 行目の those は the species を代名詞に代えたもの。以上の 2 つの species の省略や代名詞になったものは、和訳においては本来の名詞に直して訳出した方がわかりやすい（解テク 33）。

番外解テク：「意味不明」はイディオムを疑え

　4 行目の beyond all measure に悩まされたはずだ。beyond も all も measure も知っている単語だろう。しかし「全ての手段を超えて」と訳しても意味が通じない。そのような意味不明な箇所にぶち当たったらイディオムの可能性を疑おう。そこを〔　〕に入れて度外視すれば文意の大局は把握できるから、やはり副詞句のイディオムだと推測できる。beyond all measure は「非常に：とりわけ」のイディオムで、直前の by means of our tools を修飾している。

　今後は、意味不明のエリアが出現したらイディオムの可能性を推理するクセをつけよう。

DIAGRAM

We have **made** ourselves 〔by means of our tools〕〔beyond all measure〕
　S　　V　　　O

more adaptable / than any other species, / living or extinct ;
　　C

　大学入試の多くで make を出題のポイントにしている。その場合には、make ＋ O ＋ C「〜を…にする〔させる〕」の第 5 文型である確率が高い。入試問題作成者は第 5 文型を出題することがとにかく好きである。「〜を作る」とか「〜を行なう」などの make は出題の可能性が相対的に低い。上記のように 2 ヵ所を（　）でくくれたら上級者だ。それらの副詞句を抜いて読めば、made ourselves more adaptable「我々自身をより適応力あるものにさせた」となる。living or extinct は whether it is living or extinct の縮約されたもので「生存していようと絶滅していようと」の譲歩表現で、直前の any other species のことを指している。これも A or B「A であれ B であれ」の慣用的表現として覚えるとよい。Bring him to us, **dead or alive**.「彼を我々のところへ連れて来い。生きていようと死んでいようと構わない。」

【全訳】生存競争において最も成功を遂げてきた種は自分たちの住む世界の変化に最も適応した種であるということが（人間以外の）他の動物の種の歴史によって明らかである。現存している種も全滅している種も含めて他のいかなる種よりも我々（人間）は自分たちを適応させてきたのだが、それはとりわけ道具という手段によって適応してきたのである。そして我々は加速度的にそうし続けているのである（つまり適応し続けているのである）。

Learn it by heart!　　　暗唱用例文 ♯ 024　　　**CD-49**

The use of fire *made* man *aware* that it could protect him from the beasts.
火を使うことによって人類は野獣から身を守ることができることに気づいた。（直訳：火の使用は人類に野獣から自らを守ることができることに気づかせた）

解テク 25 whatの多くは「こと/もの」

●下線部を和訳しなさい。　　　　　　　　　　　　　　　CD-50

Reading may seem more passive to you than surfing, skiing or swimming, but if you learn to respond actively to the author's personality, ideas, and style of writing, and <u>if you learn to get the main point of what an author wishes to communicate to you, you will find any kind of reading far less passive than you may now think</u>.

(中央大・商)

【Words & Phrases】　passive 受動的な：消極的な◆ author 著者：筆者◆ personality 個性：人柄 get the main point of ～の要旨を理解する◆ far less passive than ～よりはるかに消極的でない＝はるかに積極的である

♣文中でwhatを見たら「こと」「もの」の関係代名詞とまず疑おう。勿論whatが「何」という意味の疑問代名詞の可能性も50％はあるわけだが、これの可否は文又は文脈から容易に判断できる。また、「こと」「もの」＝「何」だからwhatが関代か疑問代名詞か判断のつかない場合もある。例えば、I have no idea (of) what he has in mind. を「彼の考えている**こと**がわからない」（関代）と「彼が**何を**考えているのかわからない」（疑問代名詞）との両解釈が成立する。whatの究極の意味が同じだからである。しかし、本文のwhat an author wishes to communicate to you は「筆者があなたに伝えたい**こと**」と訳した方が正しい。**自然に訳せる方が正しい**のだ。

　2行目のif節は5行目のカンマにまで及び、主節（帰結節）はその5行目のyou will ～以下ピリオドまでである。

DIAGRAM

if you learn to get the main point of [**what** an author wishes to communicate ⋯ to you], / you will find any kind of reading far less passive /
　　　　　　　　　　　　　　　　　　　　S　　V　　　O　　　　　　C
than you may (now) think.

　communicate A to B「A を B に伝える」の A が what として前に出たもの。⋯ は A が抜けたことを示す。〔 〕は関係代名詞節で get the main point of の目的語に相当する名詞節。find は「～を…と思う / わかる」の語法。far は副詞で「はるかに」として比較級を修飾する。much「ずっと」よりも意味が強い。

【全訳】読書はあなたにとってサーフィンやスキー、水泳よりも受動的なものだと思われるかも知れないが、もし著者の個性や考え方、文体に能動的に応じるようになるならば、そしてもし著者があなたに伝えたいことの要旨をあなたが把握できるようになれば、読書はどんなたぐいのものであろうと、今考えているよりもはるかに受動的でないことがわかるであろう。

Learn it by heart!　　　　　暗唱用例文 # 025　　　　　**CD-51**

I found *what had seemed to be difficult at first* **very easy after practice.**
私は**最初難しそうに見えたこと**が練習の後でとてもやさしいことに気づいた。

解テク 26 with の後に nexus を感じたら、with ＋ O ＋ C

●下線部を和訳しなさい。　　　　　　　　　　　　　　CD-52

　The world's profligate burning of fossil fuels—coal, oil and natural gas—is releasing so much carbon dioxide into the atmosphere that the resulting "greenhouse effect" could produce a dramatic and disastrous warming of the earth. <u>Some scientists even warn that in the twenty-first century the polar ice could melt, with the oceans rising and coastal cities flooded.</u>

（大阪外大）

【Words & Phrases】　profligate 放蕩な・乱費の・無駄な◆ fossil fuel (s) 化石燃料◆ release 〜を放出する◆ carbon dioxide 二酸化炭素◆ atmosphere 大気◆ greenhouse effect 温室効果 disastrous 破滅的な◆ warming 温暖化◆ warn 〜を警告する◆ polar（南北）極の◆ coastal 沿岸の◆ flood 〜を氾濫させる

♣ 2 行目の so を見たらすぐに that を予測してほしい。so 〜 that 構文の可能性が高いからである。3 行目に接続詞 that があるから、やはりそれで正しい。「非常に多くの二酸化炭素を大気中に放出しているから〜だ」となる。詳しくは解テク 43 を参照してほしい。

　3 行目の could はなぜ can ではないのか。助動詞が過去形で使われたら仮定法の条件を満たす。その際 if「もし」の意味が前後に内包されている。could はここでは「もしひょっとしたら〜する可能性があるだろう」という推量の意味になる。「温暖化を生じさせることがあり得よう」となり、微妙に断定を避けるために使われている。右ページの全訳では「〜を生じさせかねない」と工夫してそのニュアンスを出してある点にも注意してほしい。

DIAGRAM

<u>the polar ice</u> <u>could melt</u>, / **with** <u>the oceans</u> <u>rising</u> and (**with**) <u>coastal cities</u>
　　S　　　　V　　　　　　O¹　　　C¹　　　　　　O²

<u>flooded</u>.
　C²

　with の後に nexus（主語述語関係）「〜が…する」「〜が…される」「〜が…である」）を感じたら、with ＋ O ＋ C と考えよう。「〜を…の状態にして」の意で、この with を「付帯状況の with」と称す。これが狙われる。判定方法は O と C の間に be 動詞を入れ、with を消すと、そこが独立した文になることだ。ここは The oceans are rising and coastal cities are flooded.「海（面）は上昇しつつあり、沿岸都市も氾濫している」となる。C の部分には、-ing 形、p.p.（多くは -ed 形）、形容詞（相当語）などが来る。

　Don't speak with your mouth full.「口にいっぱい食べ物を含んでおしゃべりしてはいけません」。これは食卓でよく親が子供に言う決まり文句だが、with ＋ O ＋ C の C が形容詞の例。これも O と C の間に be 動詞を入れると Your mouth is full.「あなたの口は（食べ物で）一杯である」と完全な文に変わる。従って付帯状況の with と判定できるわけである。

【全訳】世界中の化学燃料―石炭、石油、天然ガス―の浪費的な燃やし方は非常に多くの二酸化炭素を大気中に放出しているので、その結果生じる「温室効果」は地球の劇的かつ破滅的な温暖化を生じさせかねない。21 世紀には南北極の氷は融け、海面は上昇し、沿岸都市は水浸しになりかねない、と警告すらする科学者もいる。

Learn it by heart!　　　　暗唱用例文 # 026　　　　**CD-53**

He burst into the room, *with* his eyes shining.
彼は**目を輝かせて**部屋に入って来た。

解テク 27 副詞句が文頭に出ると、倒置文が続く

●下線部を和訳しなさい。　　　　　　　　　　　　　CD-54

The settlement of America was a unique experience in the history of man. <u>Never before in recorded times had a whole culture—in this case, the culture of Western Europe—been transferred bodily to another and previously unknown continent.</u> No wonder the imaginations of Europeans from the 15th to the 20th centuries were fired by the possibilities that such a gigantic experiment presented.

(福島大)

【Words & Phrases】　settlement 入植◆ experience 経験◆ whole 丸ごとの◆ transfer A to B　AをBへ移す◆ bodily 丸ごと◆ previously 以前には◆ continent 大陸◆ No wonder ＋節 道理で〜は少しも不思議ではない◆ imagination (s) 想像力◆ be fired by 〜にかき立てられる◆ possibilities 可能性◆ gigantic 巨大な◆ experiment 実験◆ present 〜を与える：を示す

♣副詞（相当語句）が強調のために文頭に出ると、リズムを整えるために後に倒置文（疑問文と同じ形）が続く。ただし、文頭に出ることが常態である副詞（句）の場合は倒置しない。

　例　**All of a sudden** he got silent.「突然彼は無口になった」

　No wonder「道理で〜だ」の本来の形は次の通り。It is no wonder that ＋節。いわゆる It 〜 that 構文。It は形式主語で that も省略されて本文のようにして使うことは極めてふつうである。この表現は前述の内容を受けて用いる。「以上のような経緯（いきさつ）があるから、〜は少しも驚きではない」の意。文脈によっては「道理で〜だ」と意訳するのもこのためである。

　例　I hear he used to live in Germany. **No wonder** he has a German accent.
　　「彼は昔ドイツに住んでいたそうだ。**道理で**ドイツなまりがある**わけだ**」

DIAGRAM

Never before in recorded times / had <u>a whole culture</u> 〔in this case, /
有史において今まで決して〜なかった　　　　　　　　　　　S

the culture of Western Europe〕<u>been transferred</u> (bodily) to
　　　　　　　　　　　　　　　　　V

another and previously unknown continent.

Never before 〜「今までに決して（〜なかった）」が文頭に出たので、had 以降が疑似疑問文となっている。疑似疑問文の前で／で切る癖をつけよう。

ふつうの語順にすれば次のようになる。

A whole culture — in this case, the culture of Western Europe — had never been transferred bodily before in recorded times to another and previously unknown continent.

しかしこれではパンチが効かない。やはり文頭に Nerver before 〜「今までに決してなかったことだが」とした方がインパクトがあるし、読者の興味を引きやすい分だけ効果的な文となるわけである。

【全訳】アメリカへの入植は人類史において比類のない経験であった。有史において、ある文化が—この場合には西ヨーロッパの文化だが—別のしかもそれ以前には未知であった大陸に丸ごとごっそり移されたことなど決してなかった。15世紀から20世紀にかけて、そのような巨大な実験が示した可能性によってヨーロッパ人の想像力がかき立てられたことは少しも不思議なことではない。

Learn it by heart!　　　暗唱用例文 # 027　　　CD-55

***Never in my life** have I seen such a magnificent wedding as this.*
生まれてこの方私はこんな壮麗な結婚式は見たことがない。

解テク 28　物主構文は主語を副詞的に訳せ

●下線部を和訳しなさい。　　　　　　　　　　　　　　　　　CD-56

　It has been estimated that as a college freshman you will be supposed to read some 4,000,000 words in textbooks and source books. Reading is required in all but about 10 percent of college classes. <u>Assignments of several thousand words each in such courses as history and economics will force you to increase your reading speed.</u>

（成城大・経）

【Words & Phrases】　estimate ～を見積る◆ as ～のときに◆ freshman 新入生：一年生◆ be supposed to (do) ～すると考えられている：することになっている◆ same (= about) 約：およそ◆ source books 原典：史料集◆ require ～を必要とする◆ all but ～を除くすべて（but = except「～以外には」）◆ assignment 宿題：課題◆ such A as B　B などの A ◆ course 講座 ◆ force A to (do) A（人）に～することを強制する：A は～せざるを得ない

♣ 無生物を主語とする構文（略して物主構文）は日本語の表現とあまりなじまないので、意訳する必要のある場合が多い。Illness prevented me from attending the conference. を「病気が私の会議への出席を妨げた」と訳しても得点にはならない。「私は病気のため会議に出席できなかった」と意訳せざるを得ない。多くの場合に言えることだが、主語を「～のせいで」「～のおかげで」と副詞的に訳し、なるべく人間を主語にして訳すと自然な訳になる。下線部は枝葉を除去すると次のようになる（you は総称の you）。

　Assignments will force you to increase your reading speeding.
　「宿題は人に読書の速度を増すことを強制するだろう」
　→「宿題があるために、人は読む速度を上げざるを得まい」
第 1 文は It ～ that…構文で「…ということが推計されるので」の意味。

> **RIAGRAM**
>
> Assignments 〔of several thousand words each / in such courses (as history
> 　　S
> and economics)〕 / will force you to increase your reading speed.
> 　　　　　　　　　　　　V 　　O 　　C

　S が長いときはその末尾に / を入れよう。整理して読みやすいからだ。〔　〕は主語 assignments を修飾する形容詞句。you は全体から判断して「総称の you」。you を「人」と訳しても構わない。S を「～があるために」とすれば、あとは自然と V の force も「人は～せざるをえない」となる。This picture reminds me of those happy days. は「この写真**を見ると、私は**あの幸せな日々を思い出す」となる。

　次の文はどう訳せばよいだろうか。

　My knowledge of English made it easy for me to learn French.

　まずどんな英文も直訳から入るべきだ。直訳により英米人の論理を知ることが先決だからだ。直訳は「私の英語の知識は、私がフランス語を学ぶことをやさしくさせた」。次に練れた日本語に直せばよいのである。さて和訳は「主語を副詞的に訳せ」の解テクにより、こうなる。「**私は英語を知っていたので**、フランス語を習うのが楽だった」。

【全訳】大学一年生の時には、教科書や原典で約 400 万の単語を読むことになろう、と推計されている。読書は授業のうち約 10％を除く全ての授業において必要とされている（約 90％の授業で読書が要求されているの意）。<u>歴史や経済学などの講座においては、それぞれ数千語の（読書の）課題があるために、自らの読む速度は上らざるを得ないだろう。</u>

Learn it by heart! 　　暗唱用例文 # 028　　　　**CD-57**

The sudden noise **caused me to start.**
突然の物音で私はぎょっとした。（start「ぎょっとする」）

解テク 29　what it is like to be ～が出る

●下線部を和訳しなさい。　　　　　　　　　　　　　　　CD-58

　Most of the problems teen-agers are seeking to solve were created for them by adults. It is, therefore, not a little amusing to hear adults complaining and criticizing teen-agers, whom, they declare, they cannot understand. <u>The failure to understand is understandable and constitutes yet another proof of the fact that human beings quickly forget what it was like to be a child, especially a teen-ager</u>.

（お茶の水女子大）

【Words & Phrases】　not a little 少なからず◆ amusing 面白い◆ hear adults complaining and criticizing ～大人が不満を言い～を批判するのを耳にする（知覚動詞＋O＋～ing「～が…するのを聞く」）◆ declare 宣言する◆ failure to (do) ～できないこと◆ constitute ～を構成する（＝ be「～である」）◆ yet another さらに別の

♣ **what it is like to be** が頻出である。it は仮主語で to be ～が真主語。「～であることがどんなものか」という名詞節。what it is like to ＋一般動詞にすると「～することがどんなものか」の意味。

　例　I'd like to know **what it is like to** *fly* in the sky like a bird.
　　「鳥のように空を飛ぶことがどんなものか知りたい」

　第1文は Most of the problems 〔(which) teen-agers are seeking to solve〕were created ～．という関代（目的格）の省略。第2文は It ～ to 構文。hear adults complaining and criticizing teen-agers は「大人が不満を言い、十代の人々を批判するのを耳にする」の意味で、hear ＋ A ＋―ing「Aが―しているのを耳にする」のパターン。teen-agers, 〔whom, (they declare), they cannot understand〕は後ろから訳し上げて「理解できないと彼ら（大人たち）が断言している十代の人々」の意味。

> **DIAGRAM**
>
> human beings quickly forget 〔**what it was like to be** a child, especially a teen-ager〕.
> 　　　　　　　　　　　　　　　　　　　　　　　　↑ 同格のカンマ

〔　〕は forget の目的になる疑問代名詞節。

次の英文はどう解釈できるだろうか。

　I wonder **what it would be like to** be in a foreign country where a totally unknown language is spoken.

　これは「全く知らない言語が話されている外国にいることはどんなものだろう」。ここの be は「いる (= exist)」の意味。

【全訳】十代の人々が解決しようとしている問題の多くは、大人によって彼らのために創り出されたものである。従って、大人が不満を口にし、理解できないと断言して十代の人々を批判しているのを耳にするのは少なからず愉快なものである。理解できないことはもっともであるし、それはまた、人間は自分が子供、特に十代の人間であったことがどんなものかをすぐに忘れてしまうものだという事実のもうひとつの証明にもなっている。

Learn it by heart! 　　　暗唱用例文 # 029　　　**CD-59**

I know very well *what it is like to* a college student.
私は大学生**であることがどんなものか**とてもよくわかっている。

67

解テク 30 最上級表現には even が略されやすい

●下線部を和訳しなさい。　　　　　　　　　　　　　　　　　　CD-60

Envy is very noticeable in children before they are a year old, and has to be treated with the most tender respect by every educator. <u>The very slightest appearance of favoring one child at the expense of another is instantly observed and resented.</u>

（聖心女子大）

【Words & Phrases】　envy ねたみ：嫉妬 ◆ noticeable 顕著な ◆ tender 愛情のこもった ◆ respect 敬意 ◆ slightest 最もわずかな（slight：わずかな）◆ appearance 見かけ：様子 ◆ favor ～をえこひいきする ◆ at the expense of ～を犠牲にして ◆ is instantly observed and resented (by him)（子供によって）即座に見破られ、憤慨される

♣ 下線部の枝葉をとると、The very slightest appearance is instantly observed and resented. となる。「最もわずかな様子は即座に見破られ、憤慨される」と訳しても意味不明だが、文頭に省略された even をつけて訳すと意味が伝わる。「最もわずかな様子でさえもが（子供に）即座に見破られ、憤慨される」だ。このように、最上級表現を訳しても意味がつかめない場合には、even を近くに補ってみることだ。

　例　The youngest children will be able to realize the truth.
　「最も幼い子供にさえその真実は理解できよう」
　1 行目の and の後には主語 (S) の envy が略されている。

DIAGRAM

The very **slightest** appearance 〔of favoring one child / at the expense of
　　　　S
another (child)〕 is (instantly) observed and resented (by him).
　　　　　　　　V　　　　　　　　　　　　　　　　　　　　　‖
　　　　　　　　　　　　　　　　　　　　　　　　　　　　another

〔　〕は S にかかる形容詞句。

one child と another（child）は相関語句で「ある子供」と「また別の子供」。

appearance of favoring one child の of に気をつけよう。「ある一人の子供をえこひいきするという様子」と訳せるので「同格の of」（解テク 95 参照）と称し、A of B で「B という A」である。

例 the state **of** California「カリフォルニア**という**州」

ダイアグラムの英文は受動態であるが、必ずしも和訳も受動態である必要はない。そもそも英語と日本語は全く関係のない言語であるから、能動態も受動態も使用する「守備範囲」が異なる。ここでは下の全訳のように主語を考えて能動態で訳した方がわかりやすい（解テク 32 参照）。

【全訳】ねたみは子供が一歳になる前からその子に顕著に見られるものであり、ねたみはあらゆる教育者に、最も優しい敬意をもって扱われねばならない。他の子供を犠牲にしてある子供をえこひいきする、ほんのわずかな様子さえあれば、（犠牲にされた）子供は即座に見破り、憤慨するものである。

Learn it by heart! 　　　暗唱用例文 # 030　　　**CD-61**

The wisest **man sometimes makes mistakes.**
最も賢い人でさえ、時には過ちを犯すものである。

解テク 31　than・as 以下はよく略される

●下線部を和訳しなさい。　　　　　　　　　　　　　　　CD-62

Researchers have learned that the rate and duration of our blinks vary according to the tasks we perform. <u>People engaged in visual activities like drawing blink less frequently ; fatigued individuals blink more often than those who are rested.</u>

（法政大・経）

【Words & Phrases】 researchers 研究者◆ rate 割合：速度：頻度◆ duration 期間◆ blink まばたき：まばたきをする◆ vary 変わる (= differ)◆ according to 〜に応じて◆ the tasks (which) we perform 我々が行う仕事◆ engaged in 〜に従事している：没頭している◆ visual activities 視覚を使う活動◆ drawing 線画：スケッチ◆ frequently 頻繁に◆ fatigued individuals 疲れた人々 those 人々◆ be rested 休息している

♣ 比較級表現に呼応する than・as（「〜よりは」の意）以下は反復を避けるために略されることが多い。しかしそこが下線部として出題されている場合には than・as 以下の略が何であるかを把握しているのかを試していることが多い。**なるべく訳出**しよう。

第 1 文の構造は次のようになる。<u>Researchers</u> <u>have learned</u> 〔that 〜〕.「研究者た
　　　　　　　　　　　　　　　　　S　　　　V　　　　　　O
ちは〜ということを発見している。」that 節の中をさらに見てみよう。

<u>the rate and duration</u> of our blinks <u>vary</u> / according to <u>the tasks</u> 〔<u>we perform</u> …〕.
　　　　　S　　　　　　　　　　　　　　V
according to 以下は vary を修飾する副詞句。

DIAGRAM

People 〔engaged in visual activities (like drawing)〕 blink less frequently;
　S　　　　〜に没頭している　　　　　　〜などの　　　　　V

　〔　〕はSのpeopleを修飾している。engagedは直前のSにかかる過去分詞(p.p.)であって、Vではない(解テク5参照)。もしVと思っても文尾の動詞blinkの存在で、p.p.と判断できる。文末に略されたものはthan those who are not「そうでない人よりは」である。

【全訳】我々人間のまばたきの頻度とその時間の長さは、我々の行う作業に応じて変化するということを研究者たちは発見している。線画(をかくこと)などのような視覚的活動に没頭している人々は、そうでない人々に比べてまばたきの頻度は少ない。一方、疲れた人々は休息している人々よりも頻繁にまばたきをするのである。

Learn it by heart!　　　暗唱用例文 # 031　　　**CD-63**

Nothing is so precious as time, and yet nothing is valued less.
時間ほど貴重なものはないのに、**これほど**大切にされていないものは他にない。
　　　　　　　　　　　　　　　　　　　　　　　(文末に than time の略)

解テク 32　受動態 ⇄ 能動態の訳は自由でよい

●下線部を和訳しなさい。　　　　　　　　　　　　　　CD-64

　The machine works mysterious chemical changes, or vastly increases human power, enabling him or her to replace the quern with huge mill wheels, the abacus with the electronic computer.
　Whatever the cause, from its simplest beginnings the machine is felt to be alien, non-human.

（大阪女子大）

【Words & Phrases】　work ～をもたらす◆ vastly 大いに◆ increase ～を増す◆ enable A to (do)　Aに～することを可能にさせる◆ replace A with B　AをBにとって代わらせる◆ quern 挽臼（ひきうす）◆ mill wheel (s) 製粉機の車輪◆ replace the abacus with the electronic computer そろばんをコンピュータにとって代わらせる◆ cause 原因◆ be felt to be ～であると感じられる alien 異質の：相容れない◆ non-human 非人間的な

♣ 読者の中には受動態は「～される」で、能動態は「～する」で訳さなくてはいけないと思っている人が多いが、これは自由でよい。日本語と英語は全く関連性のない言語で、発想には大きな隔たりがある。従って、日本語になじんだ和訳であれば受け身を能動的に訳そうと、その逆であろうと自由である。いや、自由にしないと妙な和訳になる恐れさえある。I am satisfied. は英語では「私は満足させられている」という発想からそう表現しているが、この日本語は珍妙である。「私は満足している」とするしかない。他も推して知るべしだ。

　第1文の enabling 以下は分詞構文で , which enables him or her to ～又は and it enables him or her to ～と書き換える。意味上の主語は文全体から判断して前文すべて。「そしてそのこと（前文）は人間が～することを可能にさせるのである」というのが直訳。この分詞の扱いについては解テク41参照。

> **DIAGRAM**
>
> Whatever the cause (may be), / from its simplest beginnings / the machine
>   ‖   S
>   the machine
>
> is felt to be alien, non-human.
> V C ↑同格のカンマ

 Whatever the cause may be の may be は略されることが多く、「原因が何であろうと」No matter what the cause may be とも言える。the machine 以下を能動にしてみると、the human feels the machine to be alien, non-human で、「人間は機械を、異質すなわち、非人間的であると感じている」の意味。alien の後のカンマは同格のカンマで、that is (to say)「すなわち」と同義のカンマである。その判断は、alien と non-human の意味がほぼ同義であることによる。形容詞同士の同格である。ただし、このカンマを and の省略と見ても許容範囲内である。従って「異質で、非人間的」と訳しても採点上不利となることはない。

> 【全訳】機械は不思議な化学的変化を起こさせたり、人間の力を大いに強めたり、挽臼を巨大な製粉工場の車輪に代わらせたり、そろばんを電子コンピューターにとって代わらせたりする。
> <u>原因が何であろうと人間は機械を最も素朴な段階から異質である、すなわち非人間的なものであると感じるのだ。</u>

Learn it by heart! 暗唱用例文 # 032 **CD-65**

The passengers *are* not *supposed* to talk to the driver while the bus is in motion.
バスが動いているときには乗客は運転手に話しかけないことになっている。

解テク 33 代名詞はなるべく本来の名詞で訳せ

●下線部を和訳しなさい。　　　　　　　　　　　　　　　CD-66

The significance of computer, as distinct from manual, records is that they make data more easily accessible and enable it to be transferred and combined with other material. <u>The risks to which it gives rise are that the information is false or incomplete, that it is given to unauthorized persons, or that it is used for a purpose other than that for which it was collected.</u>

（中央大・法）

【Words & Phrases】 significance 意義：重要性◆ as (it is) distinct from manual (records) 手で書いた記録と異なるのだが◆ accessible 手に入り得る◆ enable it (= data) to be transferred and combined with other material データを移動したりデータを他の資料と結合させることを可能にさせる◆ risk 危険（性）◆ give rise to 〜を生じさせる◆ unauthorized 許可されていない◆ purpose 目的

♣下線部問題の中に **it** や **them** が入っていたら、まずそれらの意味を問われていると考えてほしい。「it や them の内容を明確に示して訳せ」という指示がなくとも、不自然にならない限りそれらを本来の名詞で訳す癖をつけよう。その方が日本語らしくわかりやすい和訳となる。

下線部をダイアグラムにしてみよう。

The significance of computer, 〔as distinct from manual〕, records is 〔that 〜〕.
　　　　S　　　　　　　　　　　　　　　　　　　　　　　　　　　　　V　　C

第1文は上図の構造となり、computer と manual が共通に records を修飾し、「手による記録と異なるものとしてのコンピューターによる記録」の意となる。and enable 〜 material は、and (they) enable it to be transferred and (they) enable it to be) combined with other material のこと (they = computer records / it = data)。

DIAGRAM

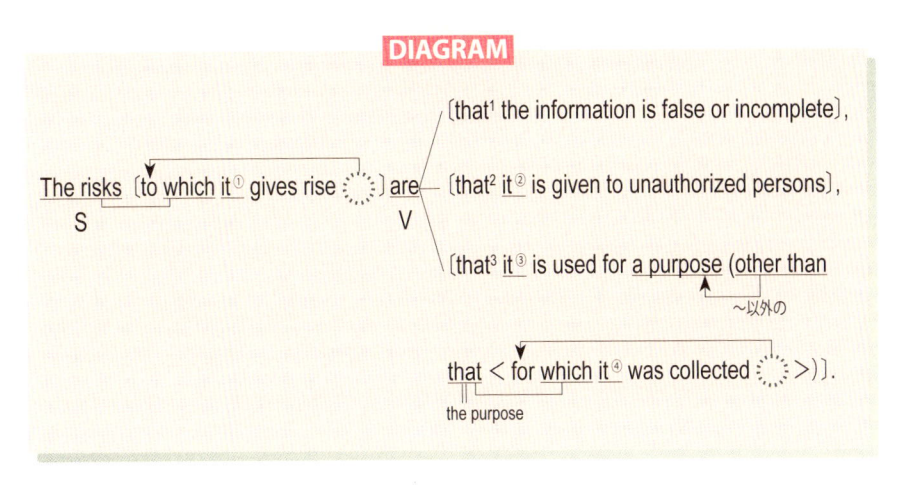

The risks [to which it① gives rise ( )] are
 S   V
— [that¹ the information is false or incomplete],
— [that² it② is given to unauthorized persons],
— [that³ it③ is used for a purpose (other than
　　　　　　　　　　　　　　　　　　　　　　～以外の
that < for which it④ was collected ( ) >)]].
‖
the purpose

①～④の it はそれぞれ何か。①は前文の that 節全部（that ～ material）で、簡単に言えば easily accessible data「簡単に手に入るデータ」。②③④は data であり即ち information でもある。data は厳密には datum の複数形であるが、現在では単数扱いが標準語法。文頭の to which 節の to は節の最後に移動すれば gives rise to「～を生じさせる」のイディオムであることがわかる。文末の for which 節は it (= the data) was collected for that (= the purpose) の変形。

【全訳】手で書いた記録とは異なるのだが、コンピュータの記録の意義は、データをより簡単に入手しやすくさせ、またデータを移動したり他の資料と組み合わせることを可能にさせる、ということである。このことがもたらす危険性は、情報が誤りであったり不完全であること、情報が許可されていない者に渡ること、情報が（本来）集められた目的以外の目的のために使用されること、などである。

Learn it by heart!　　　　暗唱用例文 # 033　　　　**CD-67**

The mobile phone is in wide use. Some high school girls seem unable to do without *it*.

携帯電話は広く普及している。**携帯電話**なしではやっていけないと思われる女子高生もいる。

解テク 34 強調構文の It is と that は消して確認

●下線部を和訳しなさい。　　　　　　　　　　　　　　CD-68

If you are indecisive and plan to do something about it, you can take immediate comfort in the fact that indecision is not necessarily due to ignorance and slow thinking. <u>On the contrary it is often thinking of so many things and consideration of so many doubts that result in the difficulty to reach and act on a simple decision.</u> The more intelligent you are, the more you may be inclined to consider rapidly many factors before making a decision. If you were feeble-minded, you would have little or no difficulty, for you wouldn't be able to think of a variety of possible consequences.

(東大)

【Words & Phrases】 indecisive 優柔不断の ◆ take immediate comfort in ～ですぐに自分を慰める ◆ indecision 優柔不断 ◆ not necessarily 必ずしも～ない ◆ due to ～による ◆ ignorance 無知 ◆ on the contrary それどころか ◆ consideration 熟考；熟慮 ◆ doubt (s) 疑念 ◆ result in ～に終る ◆ act on ～に基づいて行動する ◆ intelligent 知性のある ◆ be inclined to ～しがちである ◆ feeble-minded 知力が劣る ◆ for というのは～だから ◆ a variety of 様々な ◆ consequence (s) 結果

♣強調して述べたい部分が単語・句・節のいずれであっても、その部分を it is と that（又は which, who, etc.）でサンドイッチし、述部は that 以下に設ける形式が強調構文である。that は接続詞と関代の両方が可能である（次の A・B 参照）。

　A. *It* was while I was staying in London *that* I met her.（that は接続詞）
　　私が彼女にあったのは私がロンドン滞在中のことであった。
　B. *It is* popularity *that* counts in show business.（that は関代の主格）
　　芸能界で大事なものは人気である。

いずれにしても it is と that は単に強調の仕組みを構成する「枠」にすぎない。この枠を消去してみると文として機能するから強調構文であるとわかる。

DIAGRAM

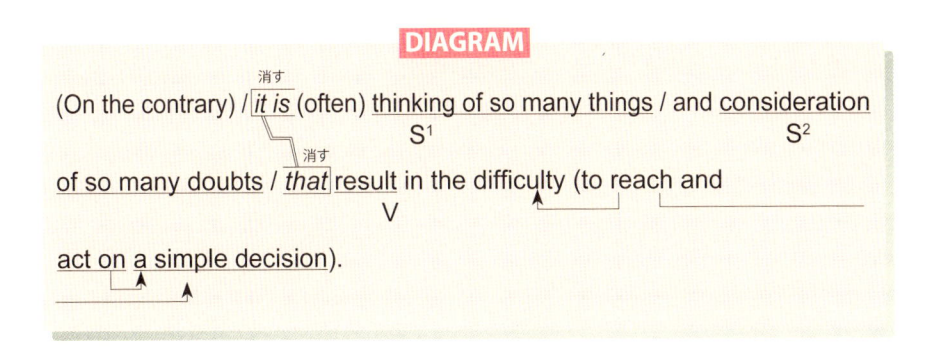

(On the contrary) / ~~it is~~ (often) thinking of so many things / and consideration
　　　　　　　　　　　　　　S¹　　　　　　　　　　　　　　　　　　　　S²
of so many doubts / ~~that~~ result in the difficulty (to reach and
　　　　　　　　　　　　　　V
act on a simple decision).

　it is と that を削除した場合、事実上の SV 関係は上記の通りで主語は S¹ と S² の 2 つ。reach と act on の共通の目的語が a simple decision。この強調構文の that は、that の直後に V があるから関代の主格。

　強調構文か否かは、It is と that を消してみて確認せよ。文としての機能が損なわれなければ強調構文であり、損なわれれば、It ～ that 構文である。次の英文はどうだろうか。*It is* quite natural *that* he should say so.「彼がそう言うのは極めて当然である。」これは quite natural he should say so. となり、文として機能しない。よってこれは It が形式主語、that 以下が真主語の、いわゆる It ～ that 構文であって強調構文ではない。

【全訳】もしあなたが優柔不断でそのことについて何とかしようとし計画しているならば、優柔不断は必ずしも無知と頭の回転の遅さによるものではないという事実によってただち安堵してよいのである。<u>それどころか、単純な結論に達しそれに基づいて行動をすることが難しいという結果に至るのはしばしば非常に多くのことに思いをめぐらし、非常に多くの疑念を熟慮するからこそなのである</u>。あなたが知的であればあるほど、決定を下す前に多くの要素をすばやく思いめぐらす傾向にあるだろう。もし知力が劣っていたならほとんど苦労しないか全く苦労しないだろう。というのは、考え得る様々な結果を思いつくことができないからである。

Learn it by heart!　　　暗唱用例文 # 034　　　CD-69

It was his indecisive attitude ***that*** caused her to get angry.
彼女を怒らせたのは彼の煮え切らない態度だった。

解テク 35 強調構文は訳し上げがやさしい

●下線部を和訳しなさい。　　　　　　　　　　　　　　　　　CD-70

　Many people probably find life in cities irritating and exhausting, since they are compelled to control aggressive impulses which arise solely as a result of overcrowding. <u>It is also probable that it is because of the wider spacing between individuals which is usual in the countryside that rural folk are less tense, more friendly, and often better mannered than urban people.</u>

（山口大）

【Words & Phrases】　irritating いらいらさせる◆ exhausting 心身を疲れさせる◆ be compelled to (do) 仕方なく～する◆ aggressive impulse 攻撃的な衝動◆ arise 生じる◆ solely もっぱら：単に◆ overcrowding 過密◆ probable ありそうな◆ It is probable that ～たぶん～だろう◆ rural folk 田舎の人々◆ tense 緊張している：神経質な◆ urban people 都会の人々

♣強調構文は前からでも後ろからでも訳せる。要は、It is と that (which, who, etc.) の間が強調されていることさえ和訳に出ればいいのである。次の文のA（前から訳し下げ）とB（後ろから訳し上げ）の両方の和訳は正しい。

　It was because of the bad weather *that* the game was called off.
　A：悪天候というまさにその理由で、その試合は中止されたのであった。
　B：その試合が中止されたのは、悪天候のためであった。

入試では限られた時間との勝負となる。なるべく訳し方をパターン化しておいた方がよい。どんな文にも汎用性のある訳し上げ（B方式）を勧める。訳し下げ（A方式）では「まさにその」などという強調表現を考えなければならない分だけ、煩雑だからである。

第1文のfindは「～を...と思う」の第5文型(S＋V＋O＋C)の動詞。sinceは「～なので」だが、訳し下げると「なぜならば (＝ because)」となる。as a result of「～の結果として」。

DIAGRAM

It is also probable 〔that (***it is***) because of the wider spacing between
S V   C

individuals (which is usual in the countryside) / (***that***) rural folk are less

tense, more friendly, and often better mannered / than urban people〕.

文頭の It は仮主語で、that 以下ピリオドまでが真主語。that 節の中を見てみよう。上のように、*it is* と *that* を抜けば普通の文に戻るので強調構文。この強調構文の that は接続詞。which の究極の先行詞は the wider spacing。以下が強調構文の it is と that を抜いたもの。2 つの ⋯ はそれらが抜かれた印。

　⋯ because of the wider spacing between individuals which is usual in the countryside / ⋯ rural folks are less tense, more friendly and often better mannered /
　　　　　　　　　　　　　　　　　　　　　　S　　　V　　　C¹　　　　C²　　　　　　　C³
than urban people.

【全訳】多くの人々はおそらく都市生活を、いらいらさせ心身を疲れさせるものだと思っているであろう。なぜなら、ひとえに過密の結果として生じる攻撃的衝動を仕方なく抑えているためである。田舎の人々の方が都会の人々よりも神経質でなく、より愛想が良く、往々にしてより行儀が良いのは、田舎では当り前の広い空間のせいである、ということでもあるのだろう。

Learn it by heart!　　　　　暗唱用例文 # 035　　　　　**CD-71**

It was **on account of the traffic accident** ***that*** **the train was delayed.**
列車が遅れたのはその交通事故のせいであった。

解テク 36 否定語＋全体を示す語＝部分否定

●下線部を和訳しなさい。　　　　　　　　　　　　　　CD-72

　<u>If you can keep in mind that written English is not an entirely different language from the one you are used to hearing and speaking every day, you will feel more at home with writing too.</u> English is still English, whether spoken or written.

（島根大）

【Words & Phrases】　keep in mind that ～ ～を肝に銘じる：よく覚えておく◆ written English 書き言葉の英語◆ entirely 全く◆ be used to ～ ing ～することに慣れている◆ feel at home 慣れている：違和感がない◆ with ～に関して◆ still やはり◆ whether A or B　A であれ B であれ

♣ 例外はあるものの、否定語＋全体を示す語は、語順に関係なく、部分否定と考えてよい。not always「必ずしも～ない」、not all（又は all not, every ～）「全て～というわけではない」、not altogether「全く～という訳でもない」、not both「両方～というわけではない」etc.

　I saw two movies in a row, but I did **not** find **both** of them worth talking about.
「私は２本の映画を立て続けに見たが、**両方が**語るに値するするものだ**とは思わなかった**」。（１本は語る価値のあるもので、残る１本はそうではなかった。）

　４～５行目の whether spoken or written は whether it (should) be spoken or written の簡略形で it は English のこと。whether すら略されて spoken or written の形になることもあるので注意したい。

　　例　The picnic will be held, *rain or shine*.
　　「**雨が降ろうと晴れようと**、ピクニックは決行されます」

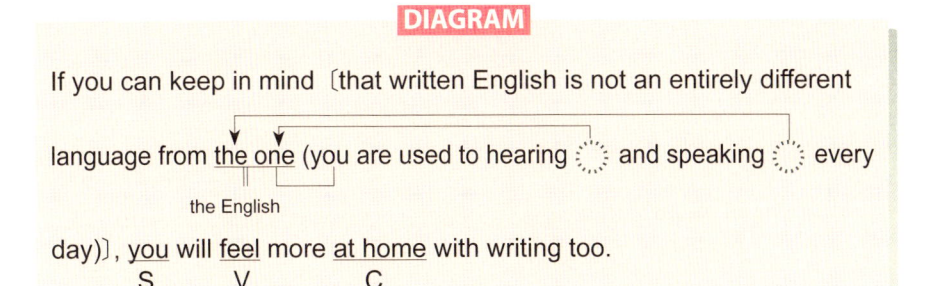

> **DIAGRAM**
>
> If you can keep in mind 〔that written English is not an entirely different language from the one (you are used to hearing and speaking every
>   the English
> day)〕, you will feel more at home with writing too.
>   S   V   C

〔　〕は名詞としての that 節で keep in mind の目的節。(　) は the one にかかる接触節で、hearing と speaking の共通の目的語が先行詞として前に出た the one (= the English)。not + entirely で「全く〜というわけではない」の部分否定になる。

【全訳】書き言葉の英語が、毎日聞いたりしゃべったりしている英語と全く違うものという訳ではないことを念頭に置けば（英語を）書くことに関して（今より）もっと楽になるであろう。英語は話されたものであろうと、書かれたものであろうと、やはり英語なのである。

Learn it by heart!   暗唱用例文 # 036   **CD-73**

You are *not totally* free from blame.
君に**全く**罪がない**わけではない**。

解テク 37　no more A than B は 4 点押さえよ

●下線部を和訳しなさい。　　　　　　　　　　　　　　　　　CD-74

　Art is always a reflection. The art of every century is a mirror in which we catch glimpses of the life of that century.
　<u>The art of yesterday can no more express our life of today than can the cave or mud hut fit our modern housing needs.</u>

（成城大・文芸）

【Words & Phrases】　reflection 反映◆ catch glimpses of 〜を垣間見る◆ express 〜を表現する◆ cave 洞穴◆ mud 泥◆ fit 〜に適合する：にかなう◆ needs 要求

♣ 数ある構文中、重要性・出題頻度・難度の点で群を抜く。この no more A than B こそ構文の王者といえる。「B でないより、A でない可能性はもっと強い」という原義から、訳し方は「**A でないのは、B 同様である**」「**B 同様、A でない**」となる。以下の 4 つの要点を押さえてほしい。

要点
① no more ＝ not と考えよ。
② than 以下は共通認識に基づく例示。
③ than 以下を否定に解釈せよ。
④ than 以下は省略・倒置が生じやすい。

　例　A home without love is **no more** a home / **than** a body without a soul is a man.

　まず①に従い、A home without love is not a home.「愛のない家庭は家庭ではない」。次に②と③に従い、than a body without a soul is a man を否定として読むので「魂のない肉体が人間ではないと同様に」となる。④は、この例文には生じていない。以上でわかるように、than 以下は前半を証明するための例え話であり、おまけ的な存在で、意味的重要度は低い。

　ちなみに **no more A than B** を **not A any more than B** とも表現できる。これも丸ごと暗唱したい。

　例　A home without love is **not** a home **any more than** a body without a soul is a man.

DIAGRAM

<u>The art</u> of yesterday can **no more** express <u>our life</u> of today / **than**
　S　　　　　　　　　　　　　V　　　　　O

<u>the cave or mud hut</u> can fit <u>our modern housing needs</u>.
　　　Ⓢ　　　　　　Ⓥ　　　　Ⓞ

　than 以下の文は構成上は付加的な存在なので S・V・O とせず Ⓢ Ⓥ Ⓞ と表記した。
　no more を not と置換して読み、接続詞 than の前で文を切断する。本文では要点④の通り倒置が生じているのがわかるだろうか。can の本来の位置は fit の直前である（上の DIAGRAM は普通の語順）。リズムの関係で前置されたのである。
　尚、この no more A than B 構文と似て否なる表現にも注意したい。団子になった no more than がそれである。次の英文はどういう意味であろうか。

　He spent **no more than** ten dollars.

　no more than は「～より多いことは全然ない」すなわち「～にすぎない・～のみ」の意で only と置き換えられる（He spent **only** ten dollars）。no more A than B のような、A に相当する語がない no more than は単にイディオムだから区別してほしい。上文の意味は「彼は 10 ドル**しか**使わ**なかった**。」
　ところでこの no more A than B 構文は伝統的に「クジラの公式」と呼ばれている。昔から「クジラの公式を暗唱していない受験生はモグリだ」と言われてきたぐらいである。モグリだと笑われぬようそらんじておこう。

　例 A whale is **no more** a fish **than** a horse is. (= A whale is **not** a fish **any more than** a horse is.) 「馬が魚でないと同様、鯨は魚ではない」

【全訳】芸術は常に反映である。あらゆる世紀の芸術は、われわれがその世紀の生活を垣間見ることのできる鏡である。
　昨日の芸術が、今日の我々の生活を表現することができないのは、洞穴や泥でつくった小屋が現代の我々の住宅に関しての要求に応えられないのと同様である。

Learn it by heart!　　　暗唱用例文 # 037　　　**CD-75**

You can *no more* live without sleep *than* without food.
人は食糧なしに生きてゆけない同様、眠らなくても生きていけない。
　　　　　　　　　　　　　　　　（than の後に you can live の省略）

解テク 38 No〔Nothing〕〜 more 〜 than... が出る

●下線部を和訳しなさい。　　　　　　　　　　　　　　　　　CD-76

Between various societies there can be great differences in the relative emphasis placed on the individual and the group. <u>Certainly no difference is more significant between Japanese and Americans, or Westerners in general, than the greater Japanese tendency to emphasize the group, somewhat at the expense of the individual.</u>

(高知大)

【Words & Phrases】 relative 相対的な ◆ emphasis placed on 〜に置かれた強調（placed は p.p.）◆ significant 有意義な：重要な ◆ in general 概して ◆ tendency to (do) 〜する傾向 ◆ somewhat 幾分 ◆ at the expense of 〜を犠牲にして

♣ 解テク 37 の no more A than B と形が似ているが構文が違う。この No 〜 more 〜 than 構文はまず no と more がピタリと隣接していないことで見分けてほしい。また、文頭の No には Nothing, Nowhere, None, etc. などの variation（変形）もある。さらに、No 〜 so〔or as〕〜 as ... となっても全く同じ意味で、文末から訳し上げて「…ほど〜な〜はない」が基本的意味である。最上級表現を否定で表わした構文である。

　例 **No** language is **more** important **than** English throughout the world.
　　「世界中で英語**ほど**重要**な**言語は**ない**」

2 行目の placed について。これは本来 place emphasis on「〜を強調する」のイディオム。the relative emphasis〔placed on the individual and the group〕となって、placed は p.p. で以下すべてが直前の the relative emphasis にかかる。直訳すると「個人と集団に置かれる相対的な強調」となる。

DIAGRAM

Certainly / **no** <u>difference</u> <u>is</u> **more** <u>significant</u> / between Japanese and
　　　　　　　　S　　　V　　　C
Americans, or Westerners in general, / **than** the greater Japanese tendency to <u>emphasize</u> the group, / <u>somewhat at the expense of the individual</u>.

前から読めば「確かに / どんな違いもより重要ではない / 日本人とアメリカ人、ひいては西洋人一般との間に / 日本人の〜する傾向よりは…」となる。the greater Japanese tendency の比較の対象は the Westerners。

【全訳】様々な社会の間には、個人と集団に置かれる相対的な重要性における大きな相違が存在し得る。確かに、幾分個人を犠牲にしているが、日本人の大いに集団を重要視する傾向ほど、日本人とアメリカ人ひいては西洋人一般との間にある重要な相違はない。

Learn it by heart!　　　暗唱用例文 # 038　　　**CD-77**

Nothing gives me *so* much pleasure *as* singing. (= *Nothing* gives me much *more* pleasure *than* singing.)
歌うこと**ほど**私にとって楽しいこと**はない**。

解テク 39　have to ≠ must

●下線部を和訳しなさい。　　　　　　　　　　　　　　CD-78

　We get used to particular papers and TV programmes and often, after a while, come to take their typical content for granted. <u>Some degree of familiarity with a particular paper or programme is indeed often necessary, if what it has to offer is to come through to us easily.</u> But of course there is a danger, as we get used to the particular way of looking at the world which our favourite paper or programme shows us, that we shall forget that it is, after all, only one of many possible ways.

（立命館大・お茶の水女子大）

【Words & Phrases】　get used to ～に慣れる◆ after a while しばらくした後に◆ come to ～するようにする◆ take ～ for granted ～を当然と考える◆ typical content 典型的な内容◆ familiarity with ～に慣れ親しんでいること◆ offer ～を提供する◆ favourite 一番お気に入りの◆ after all 結局は

♣5行目の But 以下の文について。there is a danger の直後のカンマと8行目最初のカンマまで〔　〕に入れて考える。すると there is a danger〔that we shall forget（that it is, after all, only one of many possible ways）〕. という大きな構造がつかめる。a danger と〔　〕に入った that 節が同格関係。that は接続詞。（　）は forget の目的節。（ ）の内の it は the particular way of looking at the world。尚、カンマとカンマでくくられた挿入節の最初の as は「～につれて」の接続詞。7～8行目の shows us の直接目的語は which の先行詞として前に出た the world。

DIAGRAM

~, if 〔what it has (to offer)〕 is to come through to us easily.
　　　　　　S　　　　　　　　　V　　　　　　C

「こと・もの」a particular paper or TV programme

　have to や has to を見ると反射的に must の言い換えと考えたくなるが、そうはならない場合がある。もしも〔　〕を has to ＝ must で読めば「それが提供しなくてはいけないもの」となり、「しなくてはいけない」必然性など文脈には見られないことと矛盾する。これは「提供するためにそれがもっているもの」、つまり「それが提供したいもの」の意であるから has は wants の代用とも言える。have to ＝ must で読むと通じないと思ったら、have を want と考えて訳せばよい。

　上記の DIAGRAM をより理解しやすく表現すると次のようになる。

if what it wants to tell us is to be easily understood
(by the reader, listener, or viewer).

【全訳】我々は特定の新聞やテレビ番組に慣れ、しばしば、しばらくすると、その典型的な内容を当り前だと思うようになる。ある特定の新聞やテレビ番組が提供したいと思うものが我々に容易に伝わるためには、それらにある程度慣れ親しむことが、実際、しばしば必要となる。しかしもちろん、大好きな新聞やテレビ番組が見せてくれる世界の特定の見方に我々が慣れるにつれて、その見方は結局は多くの可能な見方のひとつにすぎない、ということを我々が忘れてしまう危険性もあるのである。

Learn it by heart!　　　　暗唱用例文 # 039　　　　**CD-79**

Is that all you *have to* say?
おっしゃ**りたい**ことはそれだけですか。（have ＝ want）

解テク 40　～, ～ing...「～して / しながら」

●下線部を和訳しなさい。　　　　　　　　　　　　　　　CD-80

　We cannot remember learning to speak and perhaps have only a dim recollection of learning to read and write. Our use of language is so familiar that we cannot imagine a world without it. <u>Such a world would seem less than human, lacking one of the basic characteristics which make human beings different from the rest of the natural world.</u>

（神戸大）

【Words & Phrases】 remember ～ing ～したことを思い出す◆ have only a dim recollection of ～についてはぼんやりとした記憶しかない◆ familiar ありふれた◆ less than 少しも～ない◆ human 人間味のある◆ lack ～に欠ける◆ characteristic 特徴

♣ここで取り上げる項目は分詞構文である。英文が完全な形で終了した後に「, ～ing（現在分詞）」の形がぶら下る場合がよくある（カンマのない場合もある）。この～ing 以下は直前の主語もしくは英文全体を修飾するのだが、基本的な意味は大別して次の2つである。

　①「～して / しながら」（訳し上げる）
　②「そして～する」　　　（訳し下げる）

両者の区別は、文全体の流れで行うしかない。両者の区別のつかない場合も多い。なぜなら、この～ing で文をつなぐ方法自体が読者に意味の判断を委ねる一種の「手抜き英文」の書き方だからである。従ってこの分詞構文の多用を戒める文法学者もいる程である。

　2行目の learning to read and write は「読み書きができるようになったこと」。Our use of language は「我々が言葉を使うこと」で of は「目的格の of」（解テク 94 参照）。4行目の it は language。a world without it で「言語のない世界」。

DIAGRAM

Such a world would seem less than human, / **lacking** one of the basic
　　　S　　　　　　V　　　C　　　　　　　because it would lack
characteristics 〔which make human beings different from the rest of the
　　　　　　　　　　　　〜を…にさせる
natural world〕.

　このlackingをきちんと言いかえれば、, because it would lack（「なぜならそのような世界は〜に欠けるから」）となる。解テク通りに読めば「〜を欠いて」と、大雑把な読み方となるが、最初はまず大雑把に読んでおいて、後で文脈から適訳に微調整すればよい。

【全訳】我々は言葉を話すことができるようになったことを思い出せないし、おそらく、読み書きができるようになったことについても、ぼんやりとした記憶しかないだろう。我々が言葉を使うことはあまりにもありふれているから、言語のない世界など想像することもできない。そのような世界は（もしあったとしても）、人間を自然界と異ならしめている基本的な特徴のひとつに欠けているために、少しも人間味のないものに思われよう。

Learn it by heart!　　　暗唱用例文 # 040　　　**CD-81**

I decided to go to bed, feel*ing* sure that he was safe and sound.
彼が無事であることを確信して、私は床につくことに決めた。

89

解テク 41 ～, ～ ing... 「そして―する」

●下線部を和訳しなさい。　　　　　　　　　　　　　　　　　CD-82

How did this fear of the number thirteen originate? The notion goes back at least to ancient Scandinavian myths in the pre-Christian era. There was a feast at Valhalla, to which twelve gods were invited.

<u>Loki, the spirit of conflict and evil, forced his way into the banquet hall, raising the number present to thirteen.</u>

（法政大・営）

[Words & Phrases]　fear 恐れ ◆ originate 始まる ◆ notion 考え ◆ go back to ～に遡る ◆ at least 少なくとも ◆ ancient 古代の ◆ myth 神話 ◆ the per-Christian era キリスト教の広まる以前の時代 ◆ a feast 祝宴 ◆ spirit 神霊：精霊 ◆ conflict 争い ◆ evil 悪 ◆ force one's way into ～に押し入る ◆ banquet hall 宴会場 ◆ raise A to B　AをBにまで上げる：増やす ◆ the number present 出席者の人数

♣ 解テク40と同様、分詞構文のひとつ。英文が完結した後に「, ～ ing（現在分詞）」がぶらさがるケースを扱おう。ここでは前から読み下して「そして～する」と解釈する。この判断も文全体を読んで行なう。物事を左から右に時系列で述べてあれば読み下す。この場合がそうである。「, raising」は書き換えれば「, which raised」や「, and it raised」に相当し、「そしてそのことは～を増やした」となる。その主語は直前の文全部である。

　第3文について。There was a feast at Valhalla, to which twelve gods were invited. このカンマに続く to which に注意してほしい。これは関代の継続用法で、and to the feast「そしてその祝宴に」と読む。which の先行詞は a feast。to は twelve gods were invited to a feast「12名の神々は祝宴に招待された」の to が前置されたもの（解テク18参照）。

DIAGRAM

<u>Loki</u>, 〔the spirit of conflict and evil〕, <u>forced</u> <u>his way</u> into the banquet
　S ↑　　　　　　　　　　　　　　　　　V　　　O
　　└─同格のカンマ

hall, / **raising** the number present to thirteen.
　　　　‖
　　　which raised

　Loki の直後のカンマは「同格のカンマ」で〔　〕が Loki と同格関係。このように、固有名詞が文脈上初出の場合には同格のカンマをつけて、その後に説明的な表現が付随することが通例である。present は「出席している」という形容詞で後置修飾として the number にかかるから「出席している(人々の)数」という意味。ついでだが those present なら「出席者たち」。those は「人々」。また the members present も「今出席している人たち」。

【全訳】この 13 という数についての恐怖はどうやって始まったのだろうか。この考えは少なくともキリスト教以前の時代における古代スカンジナビア諸国の神話に遡る。バルハラで祝宴が催され、そこに 12 名の神々が招待された。
　争いと悪の精霊であるロキが祝宴場に押し入って、出席者の数を 13 にまで増やしてしまったのである。

Learn it by heart!　　　　　暗唱用例文 # 041　　　　　**CD-83**

A stranger came up, ask*ing* me the way to the post office.
知らない人が近づいて来て、**そして**私に郵便局へ行く道を**たずねた**。

解テク 42　〜, p.p. ...「〜して / 〜されて」

●下線部を和訳しなさい。　　　　　　　　　　　　　　　　　CD-84

At about fifty minutes past midnight, <u>Edward Smith drove into the high-class avenue where he lived, prepared for the scene of chaos that he expected to find.</u>　Fire engines, ambulances, police waiting to tell him the terrible news, onlookers greedy for sensation—all the confusion resulting from a disaster.

（熊本大）

【Words & Phrases】　midnight 午後 0 時◆ avenue 大通り◆ prepared for 〜への覚悟ができて◆ scene 光景◆ chaos 混乱状態◆ expect to (do) 〜することを予期する◆ fire engines 消防車◆ ambulances 救急車◆ terrible 恐ろしい；ひどい◆ onlookers ヤジ馬◆ greedy for 〜を切望している◆ sensation 大騒ぎ◆ confusion 混乱◆ result from 〜から生じる◆ disaster 災難；災害

♣これも分詞構文の一種。英文が完結した後に p.p.（過去分詞）がぶら下る場合である。「〜して / 〜されて」という付帯状況の説明が付随すると考えよう。その意味上の主語は直前の英文の S であったり、直前の英文そのものであったりするが、その判断は全体の流れで行う。

　prepared は being prepared 〜の being が省略されたものと考える。その S は Edward Smith で、「〜への覚悟をして」の意。

　3 行目の Fire engines からピリオドまでは文の形になっていない。エドワード・スミスが描いたイメージを羅列してあるにすぎない。4 行目の waiting は現在分詞で直前の police を修飾している。5 行目の resulting も同様に直前の all the confusion にかかる形容詞としての現在分詞である。

DIAGRAM

<u>Edward Smith</u> <u>drove</u> into the hight-class <u>avenue</u> 〔<u>where</u> he lived〕,
　　　S　　　　V　　　　　　　　　　　　　　　関係副詞
└(being) **prepared** for <u>the scene of chaos</u> 〔<u>that</u> he expected to find ◯〕.
　　　　　　　　　　　　　　　　　　　　　　関係代名詞

where は関係副詞で the high-class avenue がその先行詞。that は関係代名詞（目的格）で the scene of chaos がその先行詞。

p.p. が「〜して / 〜されて」となる例をもうひとつ。

She showed up at the party, ***dressed*** in a fancy kimono that drew quite some attention from the people present.

「彼女は出席者にかなり注目される派手(はで)な着物を着(き)てパーティーに現われた。」

これも、being dressed という分詞構文の being が略されたものと考えてよい。dressed 以下は副詞句として V である showed up を修飾する。後半の that は関代で a fancy kimono が先行詞。

【全訳】午前 0 時を約 50 分過ぎた頃、<u>エドワード・スミスはこれから目にするであろう混沌とした光景への覚悟をして、自分の住む高級住宅街の大通りに車で乗り入れた。</u>消防車、救急車、彼に恐ろしい知らせを伝えようと待っている警察、大騒ぎを心待ちにしているヤジ馬——などなど、災害から生じるあらゆる混乱を覚悟しながら。

Learn it by heart!　　　　暗唱用例文 # 042　　　　**CD-85**

He waited for the doctor, prepar*ed* for the worst possible news.
彼は考え得る最悪の知らせを覚悟**して**、医師を待った。

解テク 43　so を見たら that を予測せよ

●下線部を和訳しなさい。　　　　　　　　　　　　　　　　　CD-86

It is safe to say that almost every piece of writing, every story, every essay is the better for being shortened. <u>The only writing of which this is not true is the work of great writers who have cut everything down so closely and carefully that you cannot take out a sentence, or even a word, without losing some of the meaning</u>.

（福島大）

【Words & Phrases】 It is safe to say that ～　～と言ってさしつかえない◆～ is the better for being shortened 切り詰めたら切り詰めた分だけ良い◆ be true of ～について当てはまる◆ work 作品◆ cut ～ down ～を切り詰める◆ closely 綿密に◆ take out を削除する◆ cannot A without B (～ing) A すれば必ず B する（解テク 40 下線部参照）

♣ so を見たら that を予測する癖をつけたい。so ～ that... 構文の確率が高いからである。また、接続詞 that が省略されていることも多いので、「見えない that」にも気を配ろう。so ～ that... 構文は「非常に～だから…である」という、程度・結果の表現である（that 節から訳し上げて「…であるというくらい非常に～」と訳す「様態」の意味の場合もある）。so の後には副詞（相当語・句）又は形容詞（相当語・句）が入る。

　例　We were *not* **so** tired **that** we could *not* walk on.
　　　「我々は歩き続けることができない**ほど疲れてはいなかった**」
上記のように主節と従節がともに否定の場合は「程度」表わす。
　第 1 文は It ～ to... 構文。2 行目の the better for being shortened は the better because it is shortened と書き換えることができる。for は「～故に」の意。the better は「それだけでよりよい」で、the は副詞で「それだけ（＝切り詰めた分だけ）」の意。つまり「切り詰められたその分だけ良い」となる。
　I love her **the more for her faults**. も「私は彼女の欠点故にその分だけ余計に彼女を愛す」となる。

DIAGRAM

The only writing [of which this is not true] is the work of great
　　S　　　　　　　　　　　　　　　　　　　　V　　C
writers [who have cut everything down so closely and carefully that

you cannot take out a sentence, or even a word, without losing some of

the meaning].

　of which の of は何か。前置詞＋ which の攻め方のひとつは、前置詞を which 節の最後に移動させることである（解テク 13 参照）。そうすれば be true of「～について当てはまる：言える」の熟語と判明する。節や文を前置詞で終えることは文体として美しくないので関代の前に置いたのだ。so closely and carefully は cut を修飾する。everything とは「すべての削除すべき文」のこと。cannot と後の without で二重否定と判断できれば上級者である。cannot A without B（～ing）で「B することなしには A できない」だが、否定の否定は肯定だから「A すれば必ず B する」と意訳する（解テク 74 参照）。尚、you は「総称の you」なので「あなた」と訳出しなくてもよい。

【全訳】ほとんどあらゆる著作、あらゆる小説、あらゆる随筆は、切り詰められれば切り詰められただけ良い、と言って差し支えない。これが当てはまらない唯一の著作は、あらゆるものを極めて綿密に用心深く切り詰めてしまってあるので、一文いや一語でさえ削除すればその意味のいくらかが失われてしまうほどの偉大な作家たちの作品くらいである。

Learn it by heart!　　　　　暗唱用例文 # 043　　　　　CD-87

Those twins look *so* much alike *that* I can't tell them apart.
あの双児は**非常に**よく似ている**ので**、私には区別がつかない。

解テク 44 such を見たら that を予測せよ

●下線部を和訳しなさい。 CD-88

Disillusionment with the parents, however good and adequate they may be both as parents and as individuals, is to some degree inevitable. <u>Most children have such a high ideal of their parents, unless the parents themselves have been unsatisfactory, that it can hardly hope to stand up to a realistic evaluation.</u>

(秋田大)

【Words & Phrases】 disillusionment with ～への幻滅◆ adequate 十分な要求を満たしている◆ to some degree ある程度は◆ inevitable 避けられない◆ ideal 理想◆ unless ～でない限りは◆ unsatisfactory 不満足な（ここでは「親として失格な」の意）◆ hardly ほとんど～ない◆ hope to (do) ～することを望む◆ stand up to ～に耐える：～にかなう◆ evaluation 評価

♣ 解テク43同様、such を見た場合も that を予測するクセをつけたい。「such ＋形＋名詞＋ that」節で「大変な～だから…である」の意味の構文。such that となって such の後に何も来ないで両者が連結することもある。この場合は、such は「大変なもの」という代名詞である。

例 His rage was **such that** he couldn't speak a word.
「彼の怒りは**大変なもの**だったから、一言も口を聞けなかった」

第1文はカンマとカンマによる挿入だから〔 〕にくくってみよう。大きな構造では、Disillusionment is inevitable.「幻滅は避けられない」というＳ＋Ｖ＋Ｃの第2文型。〔 〕の中では however ＋ 形容詞 ＋ Ｓ ＋ may ＋ be で「たとえどんなに＿＿＿であっても」の譲歩構文。however は no matter how とも言い換えできる。both as A and as B「ＡとしてもＢとしても」で直前の譲歩構文を修飾する。as は「～として」の前置詞。to some degree は挿入された副詞句。

DIAGRAM

Most children have **such** a high ideal of their parents, 〔unless the parents
　　　S　　　　　V　　　　　　　　　　　　　　a high ideal
themselves have been unsatisfactory〕, / **that** it can hardly hope to stand
　　　　　　　　　　　　　　　　　　　　　　S　　　　　V　　O

up to a realistic evaluation.

〔　〕は挿入された副詞節で、直前の節を修飾する。it は a high ideal のこと。
　a realistic evaluation とは子供が親に対して抱く理想の親の像と現実の親を評価した場合のひどく低い点数のこと。上文のように、such と that が大きく離れている英文や、that を消して such ～ that... 構文を簡単に見抜けなくしたものが好んで出題される。

【全訳】たとえどんなに親としてまた個人として優れていて十分要求を満たしていようと、親に対する幻滅はある程度避けられないものである。親自身が今まで失格者であったのでない限りは、たいていの子供は自分の親に対して大変高い理想を抱くので、その理想が現実的な評価に耐え得ることは、まず望め得ないものなのである。

Learn it by heart!　　　　　暗唱用例文 # 044　　　　　CD-89

Painting gives me such pleasure that I never get bored.
絵画は私に**大変な**喜びをもたらしてくれる**ので**私は決して退屈しない。

It was *not* such a stormy night that we could *not* start.
我々が出発できない**ほどの**嵐の夜ではなかった。（p94 例 参照）

97

解テク 45 So を文頭にした so 〜 that... の倒置が出る

●下線部を和訳しなさい。　　　　　　　　　　　　　　　　　CD-90

　It wasn't until the Taisho period (1912-26) that the first beauty school opened its doors and hair was styled in the Western manner.
　The victims of this hair revolution were the traditional hair styles and techniques of the Edo period. <u>So complete was the switch to Western ways that by the 1950s, traditional hair styling was almost totally abandoned in day-to-day life, being reserved only for highly formal occasions.</u>

（名古屋市立大）

【Words & Phrases】　It wasn't until A that B.　A になってようやく B になった◆ open one's doors 店・商売を始める◆ victim (s) 犠牲者◆ revolution 革命◆ complete 完全な：徹底的な◆ switch to 〜への切り換え◆ abandoned 棄てられた (p.p.) ◆ day-to-day life 日々の生活◆ be reserved for 〜のためにとっておく◆ occasion (s) 機会

♣ So を文頭にした So 〜 that... 構文が高い頻度で出題される。理由は２つあり、so 〜 that 構文の見極めををチェックしたいことと、「so ＋形容詞」の副詞句を文頭に出すことによって生じる倒置を見極める力の両方を見たいからである。that は略される場合があることに注意。また、Such を文頭に出した Such 〜 that 構文も頻出である。これは Such is A that 〜 . というパターンが多い。

　例　**Such** was my excitement **that** I was beside myself.
　　　「私は大変興奮して有頂天になってしまった」

　第１文は It was 〜 that... の強調構文。It was と that を消してみると Not until the Taisho period / the first beauty school opened 〜 . となる。前から訳し下すと「大正時代までは最初の美容学校は門戸を開かなかった」と大意がとれる。もちろんこれは倒置文とする方が一般的で以下のようになる。

　Not until the Taisho period *did the first beauty school open its doors* and *was hair styled* in the Western manner.

　尚 Not until は解テク 80 参照。

DIAGRAM

So complete was the switch to Western ways / **that** by the 1950s, /
       C   V   S

traditional hair styling was 〔almost totally〕 abandoned in day-to-day life, / being
         S   V   C

reserved only for highly formal occasions.

So complete was the switch to Western ways をふつうの語順にすると、The switch to Western ways was so complete となり、S + V + C の第 2 文型である。being は現在分詞で、書き換えると、~ , and it (= traditional hair styling) was reserved only for highly formal occasions. となる。that 節の中では通常倒置は発生せず、普通の語順である。

【全訳】大正時代 (1912-26 年) に入ってようやく最初の美容学校が商売を始め、髪が西洋式に結われるようになった。

この髪形革命の犠牲者は江戸時代の伝統的な髪型と技術であった。西洋式への切り換えは非常に徹底していたので、1950 年代までには伝統的な髪型は日常生活においてはほとんど完全に廃れ、非常に改まった機会だけのものとなった。

Learn it by heart!　　　　暗唱用例文 # 045　　　　**CD-91**

So eager was he to get the job *that* he lost no time in applying for it.
彼はその仕事を**非常**に望ん**だので**、即座に応募した。

解テク 46 for A to ～は「Aが～する」系

●下線部を和訳しなさい。　　　　　　　　　　　　　　　　CD-92

　A few years can effect significant changes in the way people think. Twenty-five years ago, for instance, when the heart stopped beating, a person was declared dead. Sometimes, to be sure, a physician might run an electrocardiogram to detect any faint heartbeats, but, in most cases, a silent stethoscope and a still pulse were absolute indicators of death.

　<u>Then, in 1968, a committee of experts from Harvard University decided the time had come to establish firmer and more uniform guidelines for the medical profession to follow in determining death.</u>

（北海道大）

【Words & Phrases】 effect ～をもたらす◆ significant 重要な◆ be declared ～であると宣告される◆ to be sure ～, but... 確かに～だが…◆ physician 内科医（cf. surgeon 外科医）◆ electrocardiogram 心電図◆ in most cases たいてい◆ stethoscope 聴診器◆ a still pulse 静止した脈◆ indicator (s) 表示器：～を示すもの：尺度：バロメータ◆ establish ～を確立する◆ medical profession 医療に携わる職業（人）◆ follow ～に従う◆ determine ～を決定する・判断する

♣第1文の the way people think は「人々の考え方」the way in which people think が正式だが、in which はこのように略されることが多い。the way ＋節で「～が…するやり方」と覚えよ（解テク96参照）。第2文 was declared dead は was declared to be dead の簡略形。「死んでいるものと宣告された」の意で、declare A (to be) B「AをBであると宣告（宣言）する」の語法（to be は略してよい）。第4文では to be sure を見たら即座に but を予測したい。「確かに～ではあるが」と譲歩しておいて逆接の but が付随する相関語句である。

100

DIAGRAM

the time 〔had come〕〔to establish firmer and more uniform
　　S　　　 V　　　　　　　〜を確立するための
guidelines (***for*** the medical profession ***to*** follow / in determining death)〕.
　　　　　　医療専門職が従うための　　　　　　　　　　〜を決定する際に

　had come は、本来、文末（ここでは death のうしろ）にあるべき述語動詞だが、そうすると主語が長すぎるので、ここに配置することによって読み易くしている。いわゆる「分離修飾」である（解テク 62 参照）。for A to 〜の形になると、その多くは「A が〜する」系の nexus（主語述語関係）を形成する。ここでは guidelines という名詞を修飾する形容詞句で「〜が…するための」の意。以下に副詞用法と名詞用法の for 〜 to を挙げておこう。

　例　A new system is necessary / **for** the public **to** live in comfort.（副詞用法）
　　「大衆**が**快適に暮ら**すためには** / 新しい制度が必要である」
　例　**For** me **to** get good grades in math is pretty tough.（名詞用法）
　　「私**が**数学で良い成績を取る**こと**はとても難しい」

【全訳】ほんの数年間といえども人々の考え方において重要な変化を生じさせることがある。例えば 25 年前に、心臓が鼓動を停止したときには、人は死を宣告されたものである。確かに、時には内科医はどんなにかすかな心拍でさえ探知しようと心電図を用いることはあったかも知れないが、たいていの場合、無音の聴診器と静止した脈が死を絶対的に示す尺度であった。
　それから 1968 年に、ハーバード大学の専門家たちから成るある委員会が、医療の専門家が死の判定をする際に従うべき従来よりも確固としたより均一な指針を確立すべき時期が到来した、と決断した。

Learn it by heart!　　暗唱用例文 # 046　　CD-93

A dress code is a regulation *for* the members *to* follow in deciding what to wear.
服装規定は何を着るかを決める際にメンバー**が**従う**べき**規則である。

解テク 47　It で始まったら to や that を予測せよ

●下線部を和訳しなさい。　　　　　　　　　　　　　　　　　CD-94

　I learned the hard way that opening jokes are not customary in Japanese speeches. It's very embarrassing, when giving a speech in Japanese, to make an opening joke intended to warm up the audience, only to have it fall flat.

（松蔭女子大学院短大）

【Words & Phrases】　the hard way 苦労して（副詞扱い）◆ opening jokes スピーチの最初に飛ばす冗談 ◆ customary 慣例の：しきたりの ◆ embarrassing 決まりの悪い ◆ intended to 〜するよう意図された ◆ warm up 〜を活気づける ◆ audience 聴衆 ◆ fall flat 完全に失敗する ◆ have ＋ O ＋動詞の原形　〜 に…させる

♣ネイティブたちはなぜ速く読めるのであろうか。第１の理由は数多くの英文を読みこなしてきたからである。いわゆる場慣れしているからである。第２の理由は、パターンに従って読んでいること、パターンが頭に入っているために予測能力が身についているからである。ほぼ無意識にこれらの行為はなされているから当人たちも気づいていないほどである。

　表現は極端だが、ある種の偏見をもって英文を読み進めばよい、という結論に帰着する。so をみたら that を予測するなどがその例である。ここでは、文頭に It があればすぐに to や that を予測しなさいと言いたいのである。いわゆる It 〜 to... 構文や It 〜 that... 構文、さらには強調構文の頻度が尋常ではないからだ。もし読み進んで行くうちにそのいずれでもないことが判明すれば軌道修正すればよいだけのことである。

DIAGRAM

It's very embarrassing, 〔when giving a speech in Japanese〕, **to** make an opening joke (intended to warm up the audience), / only to have it fall flat.

　英文の中では It を主語にする文は極めて多い。そのかなりのパーセンテージを It ～ to や It ～ that 構文が占める。従って、It で始まっていれば、まず It を仮主語とみなして、真主語の to 不定詞や that 節を予測する習慣をつけたい。下線部も It ～ to 構文である。〔　〕は挿入された副詞節。(　) は形容詞句として an opening joke にかかる後置修飾。intended は p.p.（過去分詞）。only to は「しかし結局～する」と解釈する結果的用法の to 不定詞。

　例　I went all the way to see her **only to** find her absent.
　　　「私は遠路はるばる彼女に会いに行ったが、結局彼女は不在だった」
　have it (= the joke) fall flat は「その冗談に全く失敗させる」＝「その冗談が全く受けない」

【全訳】日本語の演説では最初に飛ばす冗談は慣例となっていないということを私は苦労して知った。日本語でスピーチをしているときに、聴衆を活気づけようと意図した皮切りの冗談を飛ばしたにもかかわらず全く受けないというのは実に決まりが悪いものである。

Learn it by heart!　　　暗唱用例文 # 047　　　**CD-95**

***It* is, in Japan, taken for granted *that* people eat with chopsticks.**
日本では箸を使って食べることが当然だと考えられている。

解テク 48 譲歩表現が出る

●下線部を和訳しなさい。　　　　　　　　　　　　　　CD-96

　<u>Strange as it may seem to Westerners who think of Japan as the Mecca of modern technology, some 50,000 fortune-tellers are operating a booming industry with tools no more advanced than a crystal ball.</u> Their clients' backgrounds cover a broad spectrum, ranging from executives seeking business advice and politicians worried about their electoral futures to women in search of Mr. Right.

（岐阜大）

【Words & Phrases】　think of A as B　AをBとみなす◆ the Mecca あこがれの場所 ◆ some 約：およそ◆ fortune-teller (s) 占い師◆ operate 〜を運営する◆ booming にわか景気の◆ no more A than B　B程度でしかAでない（解テク37の「クジラの公式」とは違う）◆ advanced 進歩した◆ crystal 水晶◆ client 依頼客◆ background 素性◆ cover を含む ◆ broad 広い◆ spectrum 領域：範囲◆ ranging from A and B to C　AからB、Cに範囲の及ぶ◆ executive (s) 重役◆ seek 〜を求める◆ politician (s) 政治家◆ electoral 選挙の◆ in search of 〜を求めて◆ Mr. Right 自分にぴったりの夫

♣「〜ではあるが」などの譲歩表現の出題率が高い。特に、下線部のように語順に独特のパターンが決められている表現が頻出である。

　5行目の ranging は頻出表現なので注意したい。range from A to B「AからBまで範囲は及ぶ」として使う動詞だが、ranging という現在分詞形にして、以下が動詞を修飾する形となる。ここでは cover にかかる。cover ⬚, ranging from A to B で「AからBに至るまで、広く ⬚ をカバーする」という意味。seeking は executives にかかる現在分詞で「〜を求めている」意。worried も politicians にかかる後置修飾で in search of 〜も同様に women にかかる。

104

DIAGRAM

Strange as it may seem / to Westerners 〔who think of Japan as the Mecca
　　　　　　　　　　　　～にとって

of modern technology〕, / some 50,000 fortune-tellers are operating a
　　　　　　　　　　　　　　　　　S　　　　　　　　　　V

booming industry / with tools (no more advanced than a crystal ball).
　　O　　　　　　　　～を用いて

　　Strange as it may seem (= Strange though it may seem) がポイント。ふつうの表現では、Though it may seem (to be) strange。it は some 以下の文全体を示す「先取りの it」。「奇妙に思われるかも知れないが」の意味。パターンは C + as 〔or though〕+ S + V で、C の部分には形容詞・名詞・現在分詞・過去分詞などの補語が入る。(　) は直前の tools にかかる後置修飾句で、tools の後に which are が略されていると考えればよい。no more advanced than は「～以上には決して進歩していない」つまり「～程度しか進歩していない」の意味で、tools を修飾している。なぜ「～以上には」かというと、水晶玉といえども水晶のゴツゴツした原石を機械で球体にまで研磨する程度の技術的進歩はあるわけだから、せいぜいそこまでの原始的進歩以上には進んでいない、という意味。

> 【全訳】日本を現代科学技術の憧れの地とみなす西洋人にとっては奇妙に思われるかも知れないが、約５万人の占い師が水晶玉程度しか進歩していない道具を用いて、にわか景気のこの産業（占い業のこと）を運営しているのである。彼らの客の素性は、ビジネスに関する忠告を求める重役や自分の選挙の将来について心配している政治家から、自分にぴったりの夫を探し求めている女性まで、幅広い範囲に及んでいる。

Learn it by heart!　　暗唱用例文 # 048　　**CD-97**

Suspicious as [or *though*] *it may sound*, **what I've said is the truth.**
疑わしく聞こえるかも知れない**が**、私の言ったことは**真実**である。

解テク 49 複合関係詞 whatever は what にしてみよ

●下線部を和訳しなさい。
CD-98

Japan obviously has much to overcome in its search for internationalism, but this is basically about the older generation and their problems. Young Japanese are often quite different. They are largely free of the old prejudices and fears. <u>Whatever improvement in foreign language skills there has been has resulted perhaps as much from their enthusiasm for learning English as from improved teaching.</u> They are eager to experience life abroad. They approach other people with easy openness.

（小樽商大）

【Words & Phrases】 obviously 明らかに ◆ has much to overcome 克服すべき多くのものをもつ ◆ in its search for 自国の〜への探究において ◆ internationalism 国際性 ◆ basically 基本的に ◆ the older generation 年配の世代 ◆ largely 大体において ◆ be free of 〜がない ◆ prejudice (s) 偏見 ◆ fear (s) 恐怖心 ◆ improvement 向上 ◆ skill (s) 技能 ◆ result from 〜から生じる ◆ enthusiasm for 〜への熱意 ◆ be eager to (do) しきりに〜したがる ◆ experience 〜を経験する ◆ abroad 海外での ◆ approach 〜に近づく ◆ openness 開放的な態度

♣ 複合関係詞の whatever は本来、関代や疑問形容詞の what であったものが変形したものだから、what に代えてみるとよくわかる。ちなみに whatever は anything which 〜「〜するものは何であれ」の意 (what = something which)。

2行目の this は直前のこと。this is basically about 〜は this can be basically 〜「このことは基本的に〜について言えることだ」の意味。

例 I'll give you **whatever** help you need.
「どんな援助でもしてあげます」

これも本来 I'll give you **what** you need.「あなたの必要なものをあげます」が変化したのである。whatever help は「どんな援助も」。whatever help you need は any help that you need と言い換えができる。

DIAGRAM

[**Whatever** improvement in foreign language skills (there **has been**)]
          Ⓢ   Ⓥ
                          S

/ has **resulted** perhaps **as** much from their enthusiasm for learning
  V
English / **as** (resulted) from improved teaching.

〔　〕が全体のSでその意味は「外国語の技能において今までどんな向上が存在してきたのかはともかく、その向上は」。

上記の whatever を what に代えてみよう。

What improvement in foreign language skills 〔there has been〕

となり、後ろから訳し上げると「今までに存在してきた外国語技能における**何らかの**向上は」となり、一応大意はつかめる。そのあとで whatever improvement に戻して、意味の調整をすればよい。there has been は「今までに存在してきた」の意で、その補語 (C) は前に出た whatever in foreign language skills。

【全訳】日本は、明らかに、国際性を探究する上で克服すべき多くの課題を抱えているが、それは基本的に年配者についてのことであり、彼らの問題である。若い日本人は往々にしてかなり年配者とは異なっている。彼らは大体において古い偏見や恐怖心がない。外国語におけるどんな向上が今までに存在してきたにせよ、その向上は、おそらく教育の向上から生じてきたと同時に、また英語学習への彼らの熱意からも生じてきたものであろう。彼らは海外生活を経験することを熱望している。彼らは気さくで開放的な態度で外国の人々に近づく。

Learn it by heart!　　暗唱用例文 # 049　　**CD-99**

You can study *whatever* subject may interest you at college.
大学では**どんなテーマであれ**興味のあるものを研究してよい。

解テク 50　ifのない仮定法が出る

●下線部を和訳しなさい。　　　　　　　　　　　　　CD-100

A person can now walk up to a bank teller and learn the balance of his/her checking account in less than a minute. Before the computer age, the person would most likely be told to wait for a statement at the end of the month. <u>With the help of an encyclopedia in a computer memory, a librarian can provide information in a few minutes that might have taken days of research before the computer age.</u>

(岩手大)

【Words & Phrases】　teller 金銭出納係 ◆ balance 差引残高 ◆ checking account 銀行当座預金 ◆ most likely たぶん ◆ a statement 一覧表；計算書 ◆ with the help of 〜の助けを借りて ◆ an encyclopedia 百科辞典 ◆ memory 記憶 ◆ a librarian 図書館司書 ◆ provide 〜を提供する ◆ take 〜を要する ◆ research 研究；調査

♣ if は仮定法の必要条件ではない。助動詞が過去形になった時点で仮定法の条件は満たし得る。つまり would、should、could、might などがあれば仮定法は成立するのである。その際「〜するだろう、できるだろう、するかも知れない」などの推量の意味が生じる。例えば、I will do the same thing. なら「私も同じことをしよう」だが、I would do the same thing. は仮定法で「(もし私があなたの立場であったとしたら) 私も同じことをするでしょう」の意。文全体から if「もしも」の意味を推論する必要があるのである。
　例えば次の英文はどう解釈するだろうか。
I am so hungry that I **could** eat a horse.
「私はとてもおなかが空いているので (もしやろうと思えば) 馬を一頭でも食べることができるだろう」
　この could を can にしたら直接法になり論理性を失なう。人が通常馬を一頭食べることなどあり得ない。だから could で反実仮想を表現するのである。
　本文 3 行目の would は仮定法とは関係なく「昔はよく〜したものだ」という過去の習慣を示す用法。

> **DIAGRAM**
>
> With the help of an encyclopedia in a computer memory, / a librarian can
>   S
> provide information 〔in a few minutes〕〔that **might have taken** (many)
>   V   O   関係代名詞
> days of research / before the computer age〕.

　that 以下の〔　〕は関係詞節。なぜなら、that の後に V が直結しているから。〔　〕の意味内容から判断して先行詞は information。might have taken 以下が仮定法過去完了の部分で、「**もし**コンピューター時代以前**だったら**、何日もの調査を要したかも知れない（情報）」となる。

【全訳】今では人は銀行の出納係のところへ歩いて行き 1 分以内で自分の預金の差引残高を知ることができる。コンピューター時代以前には、その人はたぶん月末の一覧表を待つように言われたものである。図書館司書は、コンピューターメモリー内部の百科辞典の助けを借りてコンピューター時代以前だったら何日もの研究を要したかも知れない情報を一分以内で提供できるのである。

Learn it by heart!　　　　暗唱用例文 # 050　　　　CD-101

It was so silent that a pin *could* have been heard to drop.
非常に静かだったのでピンが落ちた音でも聞こえるぐらいだった。

解テク 51　enableの構文は「～のおかげで…は…できる」

●下線部を和訳しなさい。　　　　　　　　　　　　　　　　　CD-102

　Man's keen forward-looking eyes, ideal for judging distance, are a legacy from remote ancestors who moved with confidence from branch to branch. <u>More important still, the sense of balance developed through tree-climbing enabled man eventually to walk erect on his feet alone, freeing his hands, eyes and brain for all the important tasks that contribute to his present well-being</u>.

(早大・法)

【Words & Phrases】　keen 鋭い◆ forward-looking 前向きの◆ ideal for ～に理想的な◆ legacy 遺産◆ remote 遠い◆ ancestor(s) 祖先◆ with confidence 自信をもって：大胆にも◆ more important still さらに重要なことは◆ enable A to (do) Aに～することを可能にさせる◆ eventually 結局は◆ walk erect on one's feet 直立歩行をする◆ free ～を自在に使えるようにする◆ contribute to ～に貢献する◆ present well-being 現在の幸福

♣ 物主構文（解テク28参照）の出題頻度は群を抜く。特にenable（又はallow）をVとする文が狙われる。意訳して「～のおかげで…は…できる」とすればスムーズに行く。

　例　The cell phone **enables**〔or **allows**〕us **to** get in touch with anyone, anytime and anywhere.
　「携帯電話**のおかげで**我々**は**いつでもどこでも誰とでも連絡がとれる」

　1行目のideal for judging distanceは挿入句。SとVの間でよく生じるパターンである（解テク1参照）。which are が ideal の前に略されている。2～3行目のwith confidenceは挿入句で、大きな流れはmoved from branch to branch「枝から枝へと移動した」。

110

DIAGRAM

More important still, / the sense of balance 〔developed through tree-climbing〕
　　　　　　　　　　　　　　　S　　　　　　　　　　p.p. 発達した　〜を通して

enabled man 〔eventually〕 to walk erect on his feet alone, / freeing
　V　　　O　　　　　　　　C　　　　　　　　　　　　　　‖
　　　　　　　　　　　　　　　　　　　　　　　　　　which freed

his hands, eyes and brain / for all the important tasks 〔that contribute to
　　　　　　　　　　　　　　〜のために

his present well-being〕.

　More important still は「さらに重要なことは」という文修飾のための副詞句。More worse still なら「さらに悪いことには」などとなり、様々なバリエーションがある。freeing の品詞は何か。直前に完全な文が完結していることから現在分詞と判断できる。あとは内容で freeing の訳を判断する。解テク 40・41 の 2 つの判定法を用いれば後者の「そして〜する」に行きつくはずだ。「そして自分の手、耳、脳を自由に使えるようにした」と読み下せる。freeing の意味上の主語は、これも文脈全体から判断するしかない。the sense of balance 〜 his feet alone まで、つまり freeing の直前の内容全部が主語である。言いかえれば「, freeing」は「and it freed」又は「, which freed」となる。

【全訳】人間の鋭い前向きの目は、距離を測定するのに理想的で、これは大胆にも木の枝から枝へと移動した遠い祖先からの遺産である。<u>さらにもっと重要なことだが、木登りを通して発達した平衡感覚のおかげで、人間は結局足だけで直立歩行ができるようになった。そして人間の現在の幸福に貢献するあらゆる重要な作業の目的のために、両手、目、頭脳を自在に使えるようになったのである。</u>

Learn it by heart!　　　　暗唱用例文 # 051　　　　CD-103

Good health *enabled* me *to* carry out my mission.
健康のおかげで私は使命を遂行できた。

解テク 52　to 不定詞の頻度 No.1 は「〜するため(の)」

●下線部を和訳しなさい。　　　　　　　　　　　　　　　　　CD-104

　The attachment of children to parents who, by all ordinary standards, are very bad is a never-ceasing source of wonder to those who seek to help them. Even when they are with kindly foster-parents, these children feel their roots to be in the homes where, perhaps, they have been neglected and ill-treated, and keenly resent criticisms directed against their parents. <u>Efforts made to 'save' a child from his bad surroundings and to give him new standards are generally of no use, since it is his own parents whom, for good or ill, he values and with whom he identifies himself.</u>

（学習院大・文）

【Words & Phrases】　attachment of A to B　AのBに対する愛着◆ ordinary ふつうの ◆ never-ceasing 決して尽きない ◆ source of wonder 驚きの種 ◆ those who 〜する人々 ◆ seek to (do) 〜しようと努める ◆ kindly 親切な：優しい ◆ foster-parents 育ての親：養父母 ◆ been neglected and treated 無視され虐待される ◆ keenly 鋭く ◆ resent 〜に憤慨する ◆ criticism 批判 ◆ directed against 〜に対して向けられた ◆ effort (s) 努力 ◆ surroundings 環境 ◆ of no use 役に立たない：無駄である ◆ for good or ill 良かれ悪しかれ ◆ value 〜の価値を認める ◆ identify oneself with 〜を自己と同一視する ◆ it is whom は強調構文（解テク 34・35 参照）

♣ to 不定詞は用法と意味が多岐にわたるがゆえに、「不定詞」と呼称される程である。しかしその圧倒的多くは「〜するために」や「〜するための」という目的を意味する副詞的又は形容詞的用法である。to を見たらまず「〜するために（の）」と考えると、手っ取り早い。英文を速く読める技術とは、解釈の可能性が複数考え得る部分に遭遇した時に、瞬時に優先順位の上位から当てはめて可否を決定できる能力のことである。いかに迷う時間を減らすかが大切で、日々錬成をして多数の優先順位を用意しておくことが肝要である。

DIAGRAM

Efforts 〔made / **to**¹ 'save' a child from his bad surroundings / and **to**² give him new standards〕 are (generally) of no use.
S　　V　　　　　　　C

　〔　〕の中の made は p.p. で「なされた」。2つの to 不定詞はいずれも「〜するために」で made を修飾する。これを本来の語順に直すと、make efforts to 〜で「〜するための努力を行う」という熟語を語順倒置したものだ。従ってここの to は厳密には「〜するための」という形容詞用法である。

　of no use は「全く役に立たない」というイディオム。言い換えれば not useful at all。of ＋抽象名詞＝形容詞という語法があるので覚えておきたい。of value ＝ valuable、of importance ＝ important、of help ＝ helpful といった具合である。

【全訳】どんな常識的な基準から見ても大変駄目な親に対する子供達の愛情の深さは、その子たちを助けようとする人々にとって、常に尽きることのない驚きの種である。その子たちは優しい養父母と一緒にいる時ですら、自分のルーツは、おそらくは無視され虐待されたであろう家庭にあると感じており、その（実の）親に向けられた批判には激しく憤慨するのである。劣悪な環境から子供を「救出」し、またその子に新しい環境を与えるためになされる努力は、大体において無駄に終わる。なぜなら、良かれ悪しかれ、子供が価値を認め、一体感をもつのは、自分自身の（実の）親に対してだからである。

Learn it by heart!　　　　暗唱用例文 # 052　　　　CD-105

No efforts are still made *to* preserve the natural resources.
天然資源を保護する**ための**努力はまだ、全く行なわれていない。

解テク 53　find が問われたら find ＋ O ＋ C を疑え

●下線部を和訳しなさい。　　　　　　　　　　　　　　　　　CD-106

　<u>People may find the transitory quality of much of American life odd</u>—the fact, for example, that one can rent art by the week or the entire furniture of an apartment, from sofa and beds to the last spoon, on less than eight hours' notice. "Packaged" living is part of today's American scene, part of its mobility and pace.

（専修大・営）

【Words & Phrases】　transitory 一時的な：長続きしない◆ quality 特質◆ odd 奇妙な (＝ strange)◆ rent 〜を賃借りする◆ art 芸術◆ entire そっくりそろっている：完全な◆ notice 通知◆ packaged パッケージ化された：一まとめにされた◆ part of 〜の一部◆ its mobility and pace アメリカの社会的流動性と速度

♣第 5 文型（S ＋ V ＋ O ＋ C）が 5 種類の文型中最も高度であるため、出題傾向が最も高い。find が問われる時も find ＋ O ＋ C「〜を…であると気づく・思う」の可能性をまず考えてほしい。特に O に様々な修飾語句をつけて O と C の nexus を見抜きにくくして出題することが多い。下線部もその典型。

　2 行目のダッシュ（——）以下は文になっていない。直前の文の内容を証明するための具体例を the fact that 節の形で並べてあるのである。by the week は「週当たりいくらで」。4 行目の from A to B「A から B に至るまで」も見抜いてほしい。on less than eight hours' notice は「8 時間以内の通告で」が直訳。「申し込みをして 8 時間以内に」の意で rent の動詞を修飾している。

> **DIAGRAM**
>
> People may **find** the transitory quality (of much of American life) odd—
> S   V   O   C

骨格のみを残すと、People find quality odd.「人々は特質を奇妙だと思う。」

【全訳】人々はアメリカ人の生活の多くが刹那的な特質をもっていることを奇妙だと思うかもしれない──例えば、芸術作品を週単位で借りることができたり、ソファーやベッドから最後の一本のスプーンに至るまで、アパートの家具を、申し込みをして8時間以内に賃借りすることができる事実などがそうである。「パッケージ化された」生活は今日のアメリカの風景の一部であり、アメリカの社会的流動性と速度の一部でもある。

Learn it by heart!　　　暗唱用例文 # 053　　　CD-107

Most grown-ups *find* learning a foreign tongue quite *hard*, whereas small kids don't.

たいていの大人は外国語学習をとても難しい**と思う**が、小さな子供たちはそうではない。

ここでひと休み

▶次の英文を和訳しなさい。
　I think that that that that that student wrote on the blackboard is wrong.

　ここで少し休憩しよう。上の英文を読めるだろうか。that が5つも連続しているが、native や英語を職業とする者はこれを見て瞬時にその意味を理解できる。要は慣れである。この英文の意味がわかれば、関係代名詞は卒業である。解説と解答は p.212 にある。

解テク 54 find it + C + to ～が出る

●下線部を和訳しなさい。　　　　　　　　　　　　　　　CD-108

All the textbooks, both Japanese and foreign, had emphasized that the Japanese had been isolated and regarded themselves as uniquely unique, therefore it was only natural for them to draw a very sharp line between themselves and 'foreigners'. <u>And no doubt they found it as hard to distinguish one Westerner from another, as most Westerners have difficulty in telling the difference between a Chinese, a Japanese and a Korean.</u>

（山口大）

【Words & Phrases】　both A and B　AもBも両方とも◆ emphasize ～を強調する◆ be isolated 孤立している◆ regard A as B　AをBとみなす◆ uniquely unique 他に類を見ないくらい珍しい◆ no doubt 多分：おそらく◆ distinguish A from B　AをBと区別する◆ as ～のように◆ have difficulty in ～ ing ～するのに苦労する◆ tell the difference between A, B and C　AとBとCを区別する

♣これも find + O + C の分類に属する。it は形式目的語で to 以下が真目的語。「～することを…だと気づく」の意味で、find の代わりに consider, think, feel, believe なども代入できる。

　3行目の it は形式主語。It was only natural for them to ～の It の真主語は for 以下の全て。for ～ to... は nexus。「彼ら（日本人）が～するのは極めて当然であった」の意味。

> **DIAGRAM**
>
> And / no doubt / they **found it** as hard **to** distinguish one Westerner from
>   S   V   O   C
> another (Westerner), / as most Westerners have difficulty in telling the
>   S   V   O
> difference between a Chinese, a Japanese and a Korean.

as A as B は「Bと同様A」の意味。これだけasとasが離れていると、相関語句であることに気づきにくい。従って狙われやすい英文である。distinguish one Westerner from anotherの後にはWesternerが反復を避けるため略されている。「ある西洋人と別の西洋人を区別する」が直訳。

【全訳】日本のものであれ外国のものであれ、あらゆる教科書には、日本人はずっと孤立してきたし、自分たちを他に類をみないくらい珍しいと考えてきた、と強調されている。それ故彼らが自分たちと「外国人たち」の間に極めて明確な一線を引くのも至極当然であった。そして多分、たいていの西洋人が中国人と日本人と韓国人の区別をするのに苦労するのと同様に、彼ら日本人はある西洋人と別の西洋人を区別するのを難しいと思ったであろう。

Learn it by heart!   暗唱用例文 # 054   **CD-109**

At first I *found it* very hard *to* learn English, but now I've come to find it enjoyable.
はじめは英語学習を難しいと思ったけれど、今では楽しいと思うようになった。

解テク 55　not so much A as B が出る

●下線部を和訳しなさい。　　　　　　　　　　　　　　　　　CD-110

Leading anthropologists are now of the opinion that <u>it was not so much aggressiveness as ability to co-operate that gave the earliest forms of man a superiority over others of the ape family</u>.

（愛知教育大）

【Words & Phrases】　leading 第一級の：指導的立場の◆ anthropologist (s) 人類学者◆ be of the opinion that ～という意見をもっている◆ aggressiveness 攻撃性◆ ability 能力◆ co-operate 協力する◆ form (s) 型：種◆ superiority over ～より優れていること◆ others = other forms ◆ ape family 類人猿の種

♣ not so much A as B「A というよりむしろ B」が出る。大切なことは前から訳し下げるということ。

「A というよりむしろ B」という訳になる理由を考えてみよう。not so A as B「B ほど A ではない」という比較表現が応用されたのである。

　　例　The party was **not so** boring **as** I had expected.
　　　　「パーティーは予想した**ほど**退屈**ではなかった**。」

上記の表現に much が付け加えられたのが not so much A as B である。直訳すれば「B ほど大して A ではない」である（not + much で「大して～ない」の意味）。本来否定表現であるものを、慣例上、逆に肯定表現として和訳するのである。極めて頻出である。

118

DIAGRAM

```
                          A           B
it was not so much aggressiveness as ability to co-operate / that gave

the earliest forms of man a superiority over others of the ape family.
```

文頭の it was と関代 that で強調構文（解テク34・35参照）。

it was と that を消してみると、きちんと文として機能とすることで強調構文であることが確認できる。以下の通り。

Not so much aggressiveness as ability to co-operate gave the earliest forms
                  S   S′   V O^1

of man a superiority over others of the ape family.
       O^2

S＋V＋O＋O の第4文型である。大きな骨格のみにすると、Ability to co-operate gave man a superiority over others.「協力できる能力が人類に他の種を凌ぐ優越性を与えたのである」となる。

【全訳】初期の人類に、類人猿科の他の種を凌ぐ優越性を与えたのは攻撃性というよりむしろ協力する能力であった、というのが現在指導的立場にある人類学者の意見である。

Learn it by heart!　　暗唱用例文 #055　　CD-111

A man's worth lies *not so much* in what he has *as* in what he is.
人の価値は財産というよりむしろ人柄にある。

解テク 56　those：「人々」

●下線部を和訳しなさい。

　There are many who believe that men are sheep ; there are others who believe that men are wolves. Both sides can advance good arguments for their positions. <u>Those who propose that men are sheep have only to point to the fact that men are easily influenced to do what they are told, even if it is harmful to themselves ; that they have followed their leaders into wars which brought them nothing but destruction.</u>

（高知大）

【Words & Phrases】　sheep 羊◆ advance 〜を進める◆ arguments 議論：主張◆ positions 立場◆ propose 提案する◆ have only to 〜しさえすればよい◆ point to 〜を指摘する◆ be influenced to (do) 〜するよう影響される◆ followed their leaders into wars 指導者に従って戦争を行った◆ nothing but 〜にすぎない◆ destruction 破壊

♣ those は the people「人々」の意味で多用される代名詞である。God helps those who help themselves.「天は自ら助ける者を助ける」（諺）のように those who で使われる場合が多いが、those だけで使用されることも珍しくない。本来は those people who 〜で those は関係代名詞を予告する指示語であったのだが、簡略化されて those who の形になったものと考えられる。

　Those *living in urban areas* are called urbanites.
　「都市部に住む**人々**は都会人と呼ばれる」
　1 行目の many (people) と 2 行目の others (＝ other people) が意味上対応している。some と others の応用である。

DIAGRAM

<u>Those</u> [who propose (that men are sheep)] <u>have only to point</u> to the
　S　　　　　　　　　　　　　　　　　　　　　　V
　　　　　　　　　　　　　　　　　　　　　　　　men
fact [that¹ men are easily influenced to do (what they are told)], / even
　　　└──────────────────┘　　　　　　　こと

if <u>it</u> is harmful to <u>themselves</u>]; / [that² <u>they</u> have followed their leaders
　　‖　　　　　　　‖　　　　　　　‖
　　men　　　　　　men　　　　　　man

into <u>wars</u> (which brought <u>them</u> nothing but destruction)].
　　　　　〜に…をもたらした　‖
　　　　　　　　　　　　　　men

　1 行目の have only to は法助動詞 have to の応用だから point が述語動詞（V）である（p161 参照）。
　3 行目の that² は 2 行目の that¹ との共通の接続詞で the fact と同格関係。
　4 行目の nothing but は「〜以外の何ものでもない」の意味で only と言い換えることができる。but = except「〜以外」。

【全訳】人間が羊（型）であると信じる人は多いし、また狼（型）であると信じる人もいる。両者とも自分の立場にとって有利な主張を進めることができる。<u>人間が羊であると提案する人々は、人間はたとえ自分たちにとって有害であっても、言われたことをやるようやるようたやすく影響されてしまうし、指導者に従い自分たちにとって破壊以外の何物ももたらさない戦争を行なってきた、という事実を指摘しさえすればよいのである。</u>

Learn it by heart!　　　暗唱用例文 # 056　　　**CD-113**

I found a beautiful lady among *those* present at the party.
パーティーの**出席者**の中に、一人の美しい女性を発見した。

121

解テク 57　p.p. で始まる分詞構文は文頭に Being が略されている

●下線部を和訳しなさい。　　　　　　　　　　　　　　CD-114

　Education is one of the key words of our time. A man without an education, many of us believe, is an unfortunate victim of unfavourable circumstances deprived of one of the greatest opportunities of this century. <u>Convinced of the importance of education, modern countries spend much money in schools to produce a large group of educated young men and women who are potential leaders.</u>

（清泉女子大）

【Words & Phrases】　of our time 現代の　◆ unfortunate 不幸な　◆ victim 被害者　◆ unfavourable 好ましくない　◆ circumstances 環境　◆ deprived of ～を奪われた　◆ opportunities 機会　◆ be convinced of ～を確信している　◆ produce ～を生み出す　◆ educated 教育のある　◆ potential 潜在的可能性を秘めた

♣「p.p. ～～～＋，完全な節」の形になっていれば分詞構文である。p.p.（過去分詞）の前には Being が略されている。軽く「～されて」や「～して」と考えて読み下し、後でその部分を文全体から判断して「～なので」「～した時に」「～すれば」などと臨機応変に微調整するのである。

　2行目の many of us believe は本来文頭にあるべきものが文中に挿入されている。3行目の deprived は p.p.。少し前の victim を修飾している。an unfortunate victim who is deprived of one of the greatest opportunities of this century「今世紀最大の機会のひとつを奪われた不幸な犠牲者」の who is が略されたものと考えよう。

DIAGRAM

(Being) Convinced of the importance of education, / modern countries
                                                              S

spend much money in schools / to produce a large group of educated
 V   　 O   〜するために

young men and women 〔who are potential leaders〕.

　分詞構文では、文頭の (Being) Convinced の意味上の主語は後の主語（ここでは modern countries）と一致するのが原則である。

　なぜ Being が省略されていることがわかるかというと、be convinced of「〜を納得している：〜を確信している」のイディオムを知っているからである。もしそれを知らないにせよ、convince A of B「B について A（人）を納得・確信させる」を知っておかねばならない（of は about 同様「〜について」の意味）。その知識が頭の中で受動態となって上文の形になって理解されるわけである。

　分詞構文の文頭の Being や Having been は略される方がふつうであることを覚えておきたい。ここでは Convinced からの部分に理由が述べられ、主文でその結果が表現されていることから「〜を納得しているから」と訳せる。ふつうの表現にすると、Since they are convinced of the importance of eduction となる。

【全訳】教育は現代のキーワードのひとつである。我々の多くが信じていることだが、教育を受けていない人間は今世紀最大の機会のひとつを奪われた不利な境遇の不幸な犠牲者である。教育の重要性を納得しているため、現代の国々は潜在的指導者である大勢の教育された若者を育成するために学校に多額の金を投入しているのである。

Learn it by heart!　　　　暗唱用例文 # 057　　　　CD-115

Satisfied with the result, he gave a happy smile.
結果に満足して、彼は幸せそうにほほえんだ。

解テク 58 文頭の見えない Being を感知せよ

●下線部を和訳しなさい。　　　　　　　　　　　　　　　CD-116

Japan is like a creature that has become much too large for its old protective shell of isolation. <u>Unable under modern conditions to grow a new and bigger shell, it must devise new means to protect itself. Internationalization is obviously the only means Japan has to continue its prosperity and survive in peace.</u>

（愛知教育大）

【Words & Phrases】　creature 生き物◆ its old protective shell of isolation 孤立という自らの古い防御用の殻（its は Japan、of は「同格の of」で「〜という」の意（解テク 95 参照）◆ conditions 状況◆ devise 〜を考案する◆ means 手段◆ internationalization 国際化 ◆ obviously 明らかに◆ prosperity 繁栄◆ survive 生き残る◆ in peace 平和に

♣ 分詞構文の文頭の Being は略されることが多い。下線部も文頭に Being が略されている。ではどうしてそれが判断できるのか？ be unable to（＝ cannot）という句を知っているからである。Unable to grow a new and bigger shell はふつうの形に書き換えると、As Japan is unable to grow a new and bigger shell「日本は新しくてより大きな殻を成長させることができないので」となる（under modern conditions「現在の状況下では」は挿入されている）。

　1 行目の much は too large を強めた副詞である。for は「〜に比べて」の意で compared with と言い換えできる。

DIAGRAM

(**Being**) Unable [under modem conditions] to grow a new and bigger shell, / it must devise new means [to protect itself]. Internationalization is [obviously] the only means [Japan has / to^1 continue its prosperity / and (to^2) survive in peace].

has to は has / to「〜するためにもつ」であって must の代わりでないことに注意（解テク 39 参照）。（ただし全訳ではその部分を意訳して自然な日本語にしてある）。survive の前にも to（又は has so）を補って考えること。

(Being)Unable 〜の部分をふつうの表現にすると、Since it (= Japan) is unable 〜「日本は〜することができないので」となる。

【全訳】日本は孤立という自らの古い防御用の殻に比べ、あまりにも大きくなり過ぎてしまった生き物のようである。現在の状況下では新しくより大きい殻を成長させることができないので、日本は自身を守るための新しい手段を考案しなくてはならない。国際化は明らかに日本が自らの繁栄を続け、平和に生き延びてゆくための唯一の手段である。

Learn it by heart!　　　暗唱用例文 # 058　　　**CD-117**

(*Being*) **Reluctant to go to school, I stayed in bed, pretending to be asleep.**
学校へ行く気がしなくて私は狸寝入りを決めこんで、ベッドの中にずっといた。

125

解テク 59　接続詞 that は「～ということ」

●下線部を和訳しなさい。　　　　　　　　　　　　　CD-118

<u>That all men are equal is an assertion to which, at ordinary times, no sane human being has ever given his assent</u>. A man who has to undergo a dangerous operation does not act on the supposition that one doctor is just as good as another. And when they require Civil Servants, even the most democratic governments make a careful selection among their theoretically equal subjects.

（立教大）

【Words & Phrases】　equal 平等な◆ an assertion 主張◆ at ordinary times 普段は◆ sane 正気の：狂っていない◆ assent 賛成：同意◆ undergo ～を受ける◆ an operation 手術◆ on the supposition that ～と仮定して◆ one doctor is just as good as another どの医者もみな似たり寄ったりである◆ require ～を必要とする◆ Civil Servants 公務員◆ democratic 民主的な◆ make a careful selection among ～の中から慎重に選ぶ◆ theoretically 理論的に◆ subject(s) 国民

♣ 文頭に接続詞 that を冠するとその文は「～ということ」という名詞節になる。
That *everyone has the right to live* cannot be denied. は「すべての人には生きる権利があるということは否定できない」となる。That 節を〔　〕に入れてみると構造はよく見えてくる。これを長い主語にした英文が頻繁に出題される。

　4行目の that もやはり「～ということ」の意味の名詞節をつくる接続詞だが、直前の the supposition とその that 節をイコール関係にする「同格の接続詞 that」である。the supposition that ～で「～という仮定」という意味。act on the supposition that ～で「～という仮定に基づいて行動する」。

> **DIAGRAM**
>
> 〔**That** all men are equal〕 is an assertion 〔to which, (at ordinary times),
>   S   V   C
> no sane human being has ever giveb his assent ⋯〕.

　to which の to は文末に送ると、give one's assent to 〜となり「〜に同意を与える」の熟語であることが判明する。
　上文の文末に ⋯ があるが、given his assent to の to が前方に移動したことを示す記号である。

【全訳】<u>すべての人間が平等であるということは、ふだんは、どんな正気の人間でも決して同意したことのない主張である。</u>危険な手術を受けなくてはならない人は、どの医者もみな同じだと仮定して行動したりはしない。そして公務員を必要とするときには、最も民主的な政府でさえもが理論上は平等なはずの国民の中から慎重に人選を行なうものである。

Learn it by heart!　　　　暗唱用例文 # 059　　　　**CD-119**

That *time is money* **cannot be repeated too often.**
時は金なり**ということ**は、どんなに繰り返しても、言い過ぎではない。

解テク 60 That で始まる長い S の文が出る

●下線部を和訳しなさい。　　　　　　　　　　CD-120

All human languages have words, and there are general methods for compiling them in dictionaries. All human languages use sentences, and there are general methods for stating their grammatical rules. <u>That such similar forms of communication could arise independently in every human group, however isolated, suggests there is a biological basis for the human capacity for language.</u>

(北九州大)

【Words & Phrases】 general 一般的な◆ compile ～を編集する◆ grammatical rules 文法規則◆ similar 類似の◆ arise 生じる◆ independently 独立して◆ however isolated (they may be) たとえどんなに孤立していても (they = forms of communication)◆ suggest ～を示す◆ a biological basis for ～への生物学的基盤◆ capacity for ～への能力

♣英文でよく狙われるのが主語 (S) の長い文である。受験生がどこまでが S でどれが V なのか戸惑うほど長い主語 (S) の文が好んで出題される。長い S は〔　〕でくくってみるとよい。

　3 行目の for は「～のための」で methods にかかる。stating their grammatical rules は「それら (主語) の文法的規則を述べること」の意味。

DIAGRAM

〔**That** such similar forms of communication / could arise independently
　　　　S
in every human group, / however isolated (they may be) / 〕, suggests /
　　　　　　　　　　　　　　　　　　　　　　　　　　　　　　　　V
(that) there is a biological basis for the human capacity for language.
　　　　　　　　　　　　　　　　　　　O

　〔　〕は実に長いSで、suggestsがV。解テク59参照と同じThatで「～ということ」の意の接続詞である。
　通例こういった長いSの文は格好が悪い上に読者に理解しづらいので別の形をとる。例えば次のようにする方が一般的。
　It is suggested that there is a biological basis for the human capacity for language by the fact that such similar forms of communication could arise independently in every human group, howerer isolated.
　It ～ that... 構文にして、長いthat節はby the fact that以下に収めた文だが、この方がうんとわかりやすい。しかし入試では敢えて解釈を難しくするために長い主語にして出題することが多いので慣れよう。

【全訳】すべての人間の言語には単語があり、単語を辞書に編集するための一般的な方法がある。すべての人間の言語は文を使い、文法規則を述べるための一般的な方法を有している。<u>そのような類似した意志伝達の形態はたとえどんなに他の言語から孤立した言語であってもあらゆる人間の集団の中では個々に生じ得るのであり、そのことは言語を獲得する人間の能力への生物学的基盤が存在することを示唆している。</u>

Learn it by heart!　　　暗唱用例文 # 060　　　CD-121

That time is of utmost importance is without any doubt.
時間が最も重要である**ということ**は疑う余地はない。

解テク 61 長い S の文が出る

●下線部を和訳しなさい。　CD-122

　The American Midwest has had warm winter and its south a wet one. Northern Brazil, eastern England and northwestern China are short of rain ; there is little snow in Warsaw and frequent snow in Jerusalem and Damascus.

　<u>The fact that peculiarities which have been known only within particular local areas about a century ago can now be discussed across the world gives the impression that the climate is greatly disturbed</u>—an impression that fits well with scientists' warnings about global warming.

(同志社大・経)

[Words & Phrases]　Midwest 中西部　Brazil [brəzíl] ブラジル　Warsaw [wɔ́ːrsɔː] ワルシャワ（ポーランドの首都）Jerusalem [dʒərúːsələm] エルサレム（イスラエルの首都）Damascus [dəmǽskəs] ダマスカス（シリアの首都）◆ be short of ～が不足している◆ frequent 頻繁な ◆ peculiarities 特異性◆ particular 特定の◆ local 地域の◆ across the world 世界中で◆ give the impression that ～という印象を与える◆ climate 天候◆ greatly 大いに◆ disturbed 乱れている◆ fit well with ～とよく符号している◆ warning (s) 警告◆ global warning 地球の温暖化

♣ 英文読解の出題の一つの狙いは、「S と V を見極める力をもっているか」ということである。そのため、バランスは悪いが極端に長い S の英文を出すことが多い。本文もその典型。

　第 1 文の後半は and its (= American) south (has had) a wet one (= winter). のように、has had が反復を嫌って略されている。

　3 行目の ; について。; はピリオド (.) の一種で、あまり気にしなくてよい。前述の内容と関連して述べる際にこのセミコロン (;) 又はコロン (:) を使用するのである。「そして／すなわち／つまり／しかし／それにもかかわらず etc.」など多くの意味をもつ。ここでは強いて言えば「また一方では」である。訳出するか否かはケースバイケースである。

DIAGRAM

The fact [that peculiarities (which would have been known / only within
　S　　　　ⓢ
particular local areas / about a century ago) can (now) be discussed /
　　　　　　　　　　　　　　　　　　　　　　　　　　　　　ⓥ
across the world] gives **the impression** [that the climate is greatly disturbed —
　　　　　　　　　V　　　　O
(an impression that fits well with scientists' warning about global warming)].

図にする。<u>The fact</u> 〔that ～〕 <u>gives</u> <u>the impression</u> 〔that...—(an impression ～ warming)〕.
　　　　　　S　　　　　　　　V　　　　O

「～という事実は…という印象を与える .....」（第 3 文型）

1つ目の〔　〕は The fact との同格の that 節。2つ目の〔　〕は the impression と同格の that 節である。

ダイアグラム中のⓢとⓥは that 節内のⓢとⓥであって文全体の S と V ではないという意味である。

【全訳】アメリカの中西部は暖冬であるし、南部は雨の多い冬である。ブラジル北部、英国東部、中国北西部は雨が不足している。ワルシャワではほとんど雪がなく、エルサレムとダマスカスでは頻繁に雪が降る。
　百年ほど前だったらある特定の限られた地域でしか知られなかったような異変が今日では世界中で話題になっているという事実は、（世界の）気候がひどく乱れているという印象を与える—つまり、地球の温暖化について科学者が警告していることとよく符合している印象なのである。

Learn it by heart!　　　　暗唱用例文 # 061　　　　**CD-123**

***The saying that practice makes perfect* cannot be said too often in language learning.**

「習うより慣れろ」という言い伝えは、語学学習においてはどんなに言っても過言ではない。

解テク 62　長い S には V が割って入る

●下線部を和訳しなさい。　　　　　　　　　　　CD-124

　Some people will say that there are many flaws in democratic government. There are. <u>But the fact remains that nothing so far achieved in government works so well for the greatest number and depends so little upon force as democratic systems.</u>

（室蘭工大）

【Words & Phrases】　flaw (s) 欠陥 ◆ democratic government 民主政治 ◆ remain 依然として残る；依然として～のままである ◆ so far 今までのところ ◆ achieved 達成された (p.p.) ◆ work 機能する ◆ depend upon ～に依存する ◆ force 力

♣ 英語は頭でっかち、つまり主語 (S) の長い文を嫌う。バランスが悪いし、結論部分である動詞 (V) をなるべく頭部に置きたい、という心理が常に働くためである。そのため、長い S の場合には、間に V が割りこむ形をとることが多い。下線部がその例である。本来は the fact that ～ の連結だが分離修飾（解テク 46 参照）になっている。

　第 1 文の Some people などで始まる文は「～する人もいる」と訳すとスムーズな日本語訳になる。

　2 行目の There are. は後に (many flaws in democratic government) が略されている。

> 例　*Some elderly* men in Japan go so far as to say that women should not smoke in public.
> 「女性は公衆の面前で喫煙をすべきではないとまでいう年配の男性も日本にはいる。」

DIAGRAM

But / the fact **remains** [that nothing (so far) (achieved in government)
      S   V   (S)   p.p.

works so¹ well for the greatest number / and depends so² little upon
(V)   (V)

force as democratic systems].

本来の英文にすると以下のようになる（remains は文末で第1文型）。

But the fact that nothing so far achieved in government works so well for the greatest number and depends so little upon force as democratic systems remains.

しかしそれでは格好悪いし、文構造がつかみにくいため、that 節の前に V を出した形だ。the fact と〔 〕は同格である。〔 〕の中での ☼ は nothing で、works が Ⓥ、depends が Ⓥ。構文は nothing ～ so ～ as... で「…ほど～な～ではない」の意（解テク38参照）。以下に2文に分けてみよう。

・**Nothing** so far achieved in government works **so** well for the greatest number **as** democratic systems.
「今までに政治において達成されたもので民主主義制度**ほど**最大多数の人々のためにこれほどうまく機能している**ものはない**」

・**Nothing** so far achieved in government depends **so** little upon force **as** democratic systems.
「今までに政治において達成されたもので民主主義制ほど力に頼らないものはない」

【全訳】民主政治には多くの欠陥があるという人もいるだろう。（確かに）ある。しかし今までのところ政治の中で達成されたもので民主主義制ほど最大多数の人々のためにこれほどうまく機能しているものは存在しないしまたこれほど力に頼らないものもない、という事実は依然として変わらない。

Learn it by heart!

暗唱用例文 # 062

CD-125

The day will surely come *when your dreams will come ture.*
あなたの夢が実現する日が必ず来るでしょう。

解テク 63　A, B and C の列挙が出る

●下線部を和訳しなさい。

　In Europe, the concept of regular rest is in large part linked to religion. <u>First, it is written in the Bible that after creating the world in six days, God contemplated it, judged that it was good and then took a rest on the seventh day, the last of the week.</u>

(日大・理工)

【Words & Phrases】　concept 概念◆ regular 定期的な：規則正しい◆ rest 休息◆ in large part 大部分（副詞句）◆ be linked to ～と関連している◆ religion 宗教◆ First まず初めに◆ the Bible（キリスト教の）聖書◆ contemplate ～を熟考する◆ judge ～と判断する◆ take a rest 休息する

♣ 語、句、節のあらゆるレベルで、A, B and C という列挙のパターンが英文には頻出するが、意外と「木を見て森を見ず」の如く見落としがちである。下線部では節のレベルで列挙されている。

　次の文を読んでみてほしい。これも列挙のパターンが使われている。

> Best books for children awaken the young reader's imagination, call forth his laughter as well as his tears, help him to understand and to love his fellow men.
>
> (山口大)

【Words & Phrases】　awaken (= awake) ～をかき立てる：呼び覚ます◆ call forth ～を誘発する (= awaken)◆ laughter 笑い◆ as well as ～ばかりでなく◆ tears 涙◆ fellow men 仲間：同民族

> **【全訳】**最良の児童書は、若い読者の想像力をかき立て、涙ばかりでなく笑いをも誘い、仲間を理解したり愛したりする上で助けとなってくれるものである。

DIAGRAM

First, / it is written in the Bible / 〔that after creating the world in sixdays,
　　　　 S　　V　　　　　　　　　　　S'
/ God contemplated it, / judged (that it was good) / and then took
　　　 A　　　 the world　 B　　 the world　　　　　　　　　　　C
a rest on the seventh day,/ the last of the week〕.
　　　　　　　　　　　　 同格のカンマ

　全体は it ～ that 構文で、it は仮主語（＝形式主語）、that 以下文末までが真主語。〔　〕の中のSはGodでVが contemplated, judged, took と A, B, C の列挙になっている。最後のカンマは the seventh day と the last of the week との同格のカンマで「すなわち」。

【全訳】西欧では、定期的な休息という概念は大部分が宗教と関連している。まず初めに神は、世界を6日間で創造した後にその世界をじっと見つめ、それで良しと判断し、それから7日目すなわち一週間の最後の日に休息をとったと聖書に書かれている。

Learn it by heart!　　　　　暗唱用例文 # 063　　　　　**CD-127**

He *woke* up, *got* out of bed and *drank* some coffee.
彼は起き、ベッドから出て、コーヒーを飲んだ。

135

解テク 64　疑問文でないのに疑問形なら倒置

●下線部を和訳しなさい。

CD-128

<u>Many of our most successful men, had they been able to choose for themselves, would have selected some quite different profession from that in which they have made their fortunes.</u> They did not like the lot in life which fell to them ; but they took it up bravely and made the best of it, and it has turned to gold in their hands.

（大阪薬大）

【Words & Phrases】　our 現代の◆ for themselves 独力で◆ profession 職業◆ fortunes 財産◆ lot 運命◆ took it up その運命を受け入れた (it = the lot life) ◆ bravely 勇敢に◆ make the best of ～を最大限に利用する◆ turned to ～に変わった

♣ if を使わないで、疑問文と全く同じ形をしている倒置文にした仮定法が出る。例えば、**Had I known** the truth, I would have told it to you.「もし私が真実を知っていたなら、君に告げていただろう。」がその例で、これを普通の形で言えば If I had known the truth ～となる。前者の仮定法を見抜けない受験生が多いので出題頻度は圧倒的に高い。

　5行目の3つの it はいずれも the lot in life which fell to them「彼らに降りかかってきた人生の運命」。

DIAGRAM

(Even) <u>many</u> of our most successful men, [**had they been** able to
　　　　S　　　　　　　　　　　　　　　　　　　if they had been
choose for themselves], would have <u>selected</u> some quite different
　　　　　　　　　　　　　　　　　　　　　V
<u>profession</u> from <u>that</u> [<u>in which</u> they have made their fortunes].
　O　　　　　　　the profession

　主語の Many of our most successful men の前に even が略されているのを見抜けたら上級者。最上級表現には even の意味が付加されて「最も〜な…でさえ」となることが多々ある（解テク 30）。そうでなければここの our successful men を最上級にする必要性がないことが訳文を見ても納得してもらえるはずである。

例 The *most* intelligent computer could not solve this complex problem.
　「最も知的なコンピューターといえども、この複雑な問題は解けまい。」
　DIAGRAM の〔 〕は挿入節で、この部分が倒置。普通に言い換えると if they had been able to 〜。3行目 that は少し前の profession のこと。反復を避けた代名詞である。in which は本来 in the profession「その職業で」の意味。

【全訳】現代の最も成功した人々でさえその多くは、もし自分で（職を）選ぶことができていたならば、（既に）自ら財産を築き上げた職業とは何か全く違った職業を選んでいたことであろう。彼らは自らに降りかかってきた人生の運命を好まなかったけれど、勇敢に受け入れ、最大限に利用した。そしてその運命は彼らの手によって黄金に変わったのである。

Learn it by heart!　　　　暗唱用例文 # 064　　　　**CD-129**

I could have won the prize *had I taken* part in the contest.
もし私が競技会に参加**していたら**、その賞を取ることができたであろうに。

解テク 65 　名＋形〜の後置修飾に慣れよ

●下線部を和訳しなさい。　　　　　　　　　　　　　　　　　CD-130

　Men have believed any kind of nonsense if it was only presented with sufficient vigor and supported by power—from the threats of priests and kings to the soft voices of the hidden and not-so-hidden persuaders. <u>Indeed, he who has a conviction strong enough to resist the opposition of the crowd is the exception rather than the rule, an exception often admired centuries later, mostly laughed at by his contemporaries.</u>

（高知大）

【Words & Phrases】　nonsense 愚かなこと◆ present 〜を与える◆ with sufficient vigor 十分な迫力を伴って◆ power 権力◆ from A to B　A から B に至るまで◆ threat (s) 脅迫 ◆ priest (s) 僧侶◆ not-so-hidden それほど隠れていない：比較的あからさまな◆ persuader (s) 説得者◆ he who 〜する人（複数形は those who）◆ a conviction 信念◆ resist 〜に抵抗する ◆ opposition 反対意見◆ crowd 群衆：大衆◆ exception 例外◆ rather than 〜よりはむしろ ◆ the rule 通例：常態◆ admire 〜を称賛する◆ mostly たいていは◆ contemporaries 同時代の人々

♣ 形容詞（句）を用いての後置修飾が狙われる（解テク 5 参照）。

　例　We need someone *as capable as the predecessor*.
　　「我々は前任者同様に有能な人を必要としている」
これは as capable as 以下が someone を修飾している。

　本文の 1 行目の it は any kind of nonsense。2 行目の and supported は and if it was only supported by power のことで、反復を避けたもの。from 以下は 1 行目の any kind of nonsense を修飾している。従って if 〜 power の部分は（　）に入った形で前後が直結していると考えるとよい。if 〜 power は believed を修飾する。

138

> **DIAGRAM**
>
> Indeed, he〔who has a **conviction** (*strong enough to resist the opposition*
>   S
> *of the crowd*〕is the exception / rather than the rule, / an exception〔often
>   V   C   同格のカンマ
> admired centuries later, / mostly laughed at by his contemporaries〕.

　イタリック部の（ ）が conviction にかかる後置修飾語句。strong の前に which is が略されていると考えてよい。[, an exception] は少しまえの the exception と同格。often admired centuries later と mostly at by contemporaries の両方が同時に、直前の an exception を副詞句として修飾している。

　筆者の観察では後置修飾に強い人が英語力のある人である。過去分詞や現在分詞を使うタイプではなく上記の strong enough to のような形容詞句を用いた後置修飾形が特に狙われやすい。次の英文が理解できるか試してみてほしい。

　The article highlighted the practical policy options available to industrial countries, like Japan.（中央大）

　available は後置修飾に多用される形容詞である。available 〜 Japan が the practical policy options を後置修飾している。「そのニュースは日本のような工業国に利用可能な現実的な政策の選択肢を強調していた。」（available：利用可能な）

【全訳】人間は十分な迫力をもって示され、権力に支えられてさえいれば——例えば僧侶や国王たちによる脅迫から隠れた説得者や、比較的あからさまな説得者に至るまで——どんなたぐいの愚かなことも信じてきた。実際、大衆の反対意見に抵抗できるほど十分強い信念をもつ人間は、通例というよりむしろ例外であり、数世紀後にはしばしば賞賛されるが、たいていは同時代人に笑われる例外的存在なのである。

Learn it by heart!　　　暗唱用例文 # 065　　　**CD-131**

People tend to consider any language *different from their own* **inferior.**
人は自分たちの言語以外の言語を劣っているとみなしがちだ。

139

解テク 66 動名詞の nexus を見抜け

●下線部を和訳しなさい。

CD-132

Religious and political struggles in the Middle East or India can result in innocent tourists falling to their deaths over the North Atlantic or becoming helpless hostages in the hands of suicidal terrorists. Today, there is no place to hide.

（小樽商大）

【Words & Phrases】 religious 宗教的な ◆ political 政治的な ◆ struggle (s) 争い ◆ the Middle East 中東 ◆ result in ～という結果になる ◆ innocent 無実の ◆ tourist (s) 観光旅行者 ◆ fall to one's death 死にめぐり合わせる ◆ over the North Atlantic 北大西洋上で ◆ helpless 無力な ◆ hostage (s) 人質 ◆ in the hands of ～の掌中にあって ◆ suicidal terrorist (s) 自爆テロリスト

♣ 英文に動名詞が使われている部分はよく前後を見極めねばならない。nexus（主語と述部の関係）が存在する場合があるからである。例を出そう。

　例　There is no doubt of **his being elected chairman**.
　　（= There is no doubt that **he will be elected chairman**.）
　　「彼が議長に選任されることは間違いない」
　例　The parents disapproved of their son marrying a widow.
　　「その両親は息子が未亡人と結婚することを認めなかった」

their son marrying a widow の部分が nexus を形成している。これを後置修飾と誤解して「未亡人と結婚する息子に反対した」などと珍訳をしないよう注意してほしい。

DIAGRAM

Religious and political struggles in the Middle East or India / can result
　　　　　　　　　　　　　S　　　　　　　　　　　　　　　　　　　　　　V

in 〔innocent tourists falling[1] to their deaths over the North Atlantic / or
　　　　　▲――― nexus ―――▲

(innocent tourists) becoming[2] helpless hostages / in the hands of suicidal
　　　　▲――― nexus ―――▲

terrorists〕.

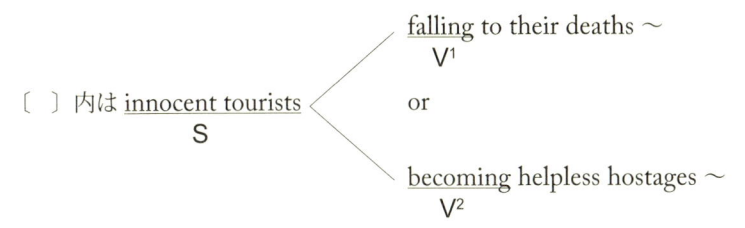

〔　〕内は innocent tourists　　falling to their deaths 〜
　　　　　　　　　S　　　　　　　　　　V¹
　　　　　　　　　　　　　　　　　　or
　　　　　　　　　　　　　　　　becoming helpless hostages 〜
　　　　　　　　　　　　　　　　　　V²

という並列状態で nexus が生じている。「罪のない観光旅行客が死に巡り会ったり、無力な人質になること」の意味。

尚、上記の V¹・V² はあくまでも意味上のそれであって真の S と V はダイアグラムで示した通りであることを了解願いたい。

【全訳】中東やインドにおける宗教や政治上の紛争は、無実の観光旅行客が北太平洋上で死ぬ目に遭ったり、自爆テロリストに捕われる無力な人質となる、という結果に至ることがあり得る。今日、隠れる場所などないのである。

Learn it by heart!　　暗唱用例文 # 066　　**CD-133**

There is a good chance of *his winning* first prize.
彼が一等賞を獲得する見込みは大いにある。

解テク 67 　節 対 名詞 も同格関係は成立

●下線部を和訳しなさい。　　　　　　　　　　　　　　　CD-134

　People of the Western world, particularly Americans, tend to think of time as something fixed in nature, something around us from which we cannot escape, an ever-present part of the environment, just like the air we breathe. <u>That it might be experienced in any other way seems unnatural and strange, a feeling which is rarely modified even when we begin to discover how really differently it is handled by some other people.</u>

（お茶の水女子大）

【Words & Phrases】　think of A as B　AをBとみなす◆ something fixed in nature 自然界において固定されたもの◆ ever-present part 常に存在する一部分◆ breathe 呼吸する◆ experience 〜を経験する◆ in any other way 何か他のやり方で◆ rarely めったに〜ない◆ modify 〜を変える◆ handle 〜を扱う

♣ 通例、同格関係は名詞対名詞、句対句、節対節という具合に、同一の条件同士で生じるが、本文のように 節 対 名詞 のように異質なものの組み合わせでも発生し得る。

　2〜3行目の something around us from which we cannot escape について。which は escape の後に回して考えると、something around us which we cannot escape from となり、「我々が逃れることのできない、我々のまわりにあるもの」とわかる（解テク13参照）。4行目の the air we breathe は the air which we breathe「我々の呼吸する空気」の which（目的格）が省略されたもの。つまり we breathe は接触節（解テク84）。

DIAGRAM

```
                time
                ‖
〔That it might be experienced / in any other way〕 seems unnatural and
                     S                                   V      C¹

strange, / a feeling 〔which is rarely modified / even when we begin to
         C²  同格のカンマ

discover (how really differently it is handled by some other people)〕.
                                 ‖
                                time
```

〔 〕は S で頭の That は「〜ということ」。この That から strange までの文と a feeling が同格関係になっている。同格関係を見抜くには、同格のカンマの前後の意味の把握が前提になる。それだけに学習者には厄介な項目である。数多く英文に接して同格関係の成立を見抜く勘を養ってほしい。即席の見抜き方のコツは残念ながら存在しない。

また、a feeling の直前に which is が省略されていると考えるとわかりやすい。その場合、which の先行詞は前文全てである。[, which is feeling 〜] で「そしてそれは〜という感覚である」となる。

【全訳】西洋世界の人々、特にアメリカ人は時間をちょうど我々が呼吸する空気のように、自然界に定まったもの、我々のまわりにあって逃れることのできないもの、常に存在する環境の一部、などとみなしている。<u>時間がそれ以外のあり方で経験されるということは不自然で奇妙に思われるのであって、それは、時間がよその国によっては実際はどんなに異なった扱われ方をしているかということを（アメリカ人が）知り始めた時でさえ、めったに（アメリカ人に）修正されることのない感覚である。</u>

Learn it by heart! 　　　　　暗唱用例文 # 067　　　　　**CD-135**

I hate the sight of snakes, a feeling peculiar to most human beings.
私はヘビを見るのも嫌です。それはたいていの人間に固有の感情です。

解テク 68 「短前長後」の法則

●下線部を和訳しなさい。　　　　　　　　　　　　　　　CD-136

　Inspired wholly by a love of knowledge for its own sake and by an awe at the creation which bordered on the religious, <u>Einstein made possible an instrument of destruction with which the earth could be totally disfigured.</u>

（大阪大）

【Words & Phrases】 a love of knowledge for its own sake 知りたいがための知識欲◆ an awe at the creation 創造への畏敬の念◆ which の先行詞＝ the creation ◆ border on ～に近似する ◆ the religious 宗教的なもの（the ＋形容詞＝抽象名詞）◆ an instrument 道具◆ destruction 破壊◆ totally 完全に◆ be disfigured ～を傷つける：の外観をそこなう

♣ 英語は「語順が命」と言えるほど語句の順序に厳しい言語で、わずかな語順の変化で文意に微妙な変化が生じたり、意味不明となるほどである。その厳密な制約があるにもかかわらず、「短い語は前へ、長い語句や節は後ろへ移動する」という癖も存在する。前が短く、後ろが長い方が安定するからである。It ～ that 構文などもその傾向の表われである。この「短前長後」の倒置がよく狙われる。

　1 行目の Inspired の直前には Being が略されている。分詞構文である。Being inspired wholly by ～で「～によって心底奮い立たされて」と訳す。主語は 3 行目の Einstein。分詞構文が元来横着な文体なので「～して：されて」と軽く訳してよい場合が少なくない。この場合もそれである。a love of knowledge を「知識の愛」と直訳しても意味不明である。目的格の of が使われているので、a love of ～で「～を愛すること」と考えよう。

DIAGRAM

Einstein made *possible* **an instrument** of destruction 〔with which the
    S   V   C   O
earth could be totally disfigured 〕.

  possible の本来の位置は文末で、made 〜 possible「〜を可能にさせた」の第 5 文型。an instrument から文末までの長い語句の後に possible 1 語が文末にあるのはバランスが悪いし意味がとりづらいので上記のように前置した。

  もうひとつ例文をあげよう。

We call feminists those who believe in the principle that women should have the same rights and chances as men.

  この文の feminists は補語 (C) で、本来は men の後に置かれるべきであるが、「短前長後の法則」により、前置されている。第 5 文型 (S + V + O + C) で those 〜 men までが長い目的語 (O)。文意は「我々は女性が男性と同じ権利と機会を得るべきであるという原則を信じる人々をフェミニスト（男女同権主義者）と呼ぶ」。

  判断方法は簡単である。本文の make にせよ上記例文の call にせよ、これらは他動詞である。直後に目的語たる名詞が本来なければならないのに possible や public などの形容詞が置かれていることから、倒置がすぐに見抜けるのである。

【全訳】知りたいがための知識欲と宗教的なものに近似する創造への畏敬の念とに心底奮い立たされて、アインシュタインは地球が完全に外観をそこなわれてしまうほどの破壊の道具（原子爆弾のこと）を実現可能にさせてしまった。

Learn it by heart!　　　　　　暗唱用例文 # 068　　　　　　**CD-137**

They made *public* that there would soon be held a general election.
彼らはまもなく総選挙が行われることを発表した。

145

解テク 69 this は大抵「直前情報」

●下線部を和訳しなさい。　CD-138

　There is no one in our society who is not ethnocentric to some degree, no matter how liberal and open-minded he or she might claim to be. People will always find some aspect of another culture distasteful, be it a way of treating friends or relatives, or simply a food that they cannot manage to get down with a smile. <u>This is not something we should be ashamed of, because it is a natural outcome of growing up in any society.</u>

（島根大）

【Words & Phrases】　ethnocentric 自民族中心主義の◆ to some degree ある程度◆ no matter how たとえどんなに〜でも◆ liberal 自由主義の：心の広い◆ open-minded 偏見のない◆ claim to be 〜であると主張する◆ find 〜を…と思う◆ aspect 面◆ distasteful 不快な◆ be it A or B　AであれBであれ◆ treat 〜を扱う◆ relative (s) 親類◆ simply（否定語の前で）どうしても：絶対に◆ manage to (do) どうにか〜する：かろうじて〜する◆ get down 飲み込む◆ be ashamed of 〜を恥じる◆ outcome 結果

♣ **this は大抵「直前情報」**と予測するとよい。尚、和訳の問題では「thisの示すものを明示して訳せ」という指示がない限りは、thisを「これ」や「このこと」と訳して構わない。

　もちろんthisの示すものが後に来る場合もあるし、その他の場合もあるが、まずthisを見たら「直前情報」と考えるべきだ。その多くは直前の文又はその文の一部である。それで違うようなら、別の可能性を考えればよい。

　5行目のthatは関代で、get downの目的語は先行詞として前に出たa food。

DIAGRAM

This is not something 〔we should be ashamed of 〕, / because it is a natural outcome of growing up in any society.
　前文　　　　　　　　　　　　　　　　　　　　　　　　　　　　　　　　　　　　　前文

　文頭の This と後の it は、ともに直前の文 (People 〜 smile.) である。
　Health is above wealth; **this** cannot give us so much happiness as **that**.
　上記のように this は that と相関語句の指示代名詞として使われることもある。もちろん this は近い方の wealth であり、that は遠い方の Health である。this と that をこのようにペアで使うときは this を「後者」、that を「前者」と訳す。
　「健康は富にまさる。後者（富）は前者（健康）ほど幸福をもたらしてくれない」

【全訳】たとえ本人がどんなに自分は自由主義で偏見がないと主張しても、ある程度自民族中心主義でない人など我々の社会には存在しない。友人や親類の扱い方にせよ、絶対にほほえんで飲みこむことができない食べ物にせよ、人は常に他の文化のある面を不快に思うものである。これは我々が恥ずべきことではない。なぜならこれはどんな社会においてであれ、そこで育ったことの当然の結果であるからだ。

Learn it by heart!　　　　　暗唱用例文 # 069　　　　　**CD-139**

I find it hard to get used to cars. *This* is because I had a traffic accident as a child.

　私は車になかなか慣れることができない。**これ**は、子供の頃、交通事故にあったためだ。

147

解テク 70 make it possible for A to (do) が出る

●下線部を和訳しなさい。　　　　　　　　　　　　　　　　CD-140

　Now, there is no doubt that in a modern society there is not enough meaningful work to make it possible for most people to derive the meaning in their lives from the work they do to earn a living.

　For it is a peculiarity of a modern society that the existence of millions depends on being paid for doing what seems like nothing when done.

（愛知大・法）

【Words & Phrases】　there is no doubt that ～　～を疑う余地はない◆ meaningful 有意義な◆ derive A from B　AをBから引き出す：AをBから見出す◆ earn a living 生計を立てる◆ a peculiarity 特質・特徴◆ existence 生活◆ millions 何百万という人々◆ be paid for ～に対して給与を受け取る◆ what seems like nothing when (it is) done 済ませたときには無意味に思われるもの（仕事のこと）

♣ make it possible for A to (do)「Aが～することを可能にさせる」が狙われる。書き換え表現は enable A to (do)（解テク51参照）である。it は仮目的語で、for A to (do) が真目的語。for ～ to... はほとんどの場合に nexus を構成し「～が…する」である（解テク46参照）。

　5行目の For は接続詞で「というのは～だからである」（解テク6参照）。it は形式主語で少し後の that 以下全てが真主語。これを強調構文と間違えてはいけない。it is と that を抜いた場合、文が崩れてしまうからである。that 以下は完全な文である。従って that は関代ではなく、形式主語 it を受けた接続詞で、名詞節を形成している。

DIAGRAM

Now, / there is no doubt 〔that in a modern society / there is not enough meaningful work (to **make it possible for** most people **to** derive the meaning in their lives from the work <they do ⋯ / to earn a living>)〕.

　no doubt との同格の that 節はピリオドまで続く。長い文だが、単純な第 1 文型の構造である。その〔　〕の中にある（　）はすべて enough meaningful work を修飾する形容詞句。文末の to earn a living「生計を立てるために」は直前の they do にかかる。

　尚、make 以下を enable で書き換えるとこうなる。

　　make it **possible for** most people **to** derive 〜
　　＝ **enable** most people **to** derive 〜

【全訳】今や、現代社会においては、人々が生計を立てるためにやっている仕事から人生の意味を見出すことが可能であるような十分に有意義な仕事が存在しないことは、疑う余地のないことである。

　というのは、何百万という人々の生活が、済ませたときには無意味としか思えないようなもの（仕事）に対して給料をもらっていることに依存しているのが現代社会の特徴だからである。

Learn it by heart!　　暗唱用例文 # 070　　CD-141

Computers *make it possible for* modern man to live in comfort.
コンピューター**のおかげで**現代人**は**快適に暮せる。

解テク 71 「場所を示す副詞（句）＋ V ＋ S」の倒置が出る

●下線部を和訳しなさい。　　　　　　　　　　　　　　　CD-142

In the days of my youth, at a friend's house in the South of France, I met Somerset Maugham for the first time.

<u>Among topics we discussed over lunch was the regrettable habit film directors then had of altering the plot of a novel to suit themselves, to the extent even of changing a sad ending into a happy one.</u>

（神戸大）

【Words & Phrases】 youth 若い頃◆ for the first time 初めて◆ over lunch 昼食をとりながら◆ regrettable 残念な◆ film director (s) 映画監督◆ then 当時◆ alter 〜を改変する◆ plot（物語の）筋◆ suit 〜に合わせる◆ to the extent of 〜という程度に至るまで◆ one = ending

♣ 文頭に場所を示す副詞（相当語句）が強調のために置かれると、そのあとには「〜がある：存在する」などの意味をもつ V ＋ S が来る。これも出題率が高い。

　Among は前置詞である。前置詞句は名詞句ではないから主語にはならない。従って主語は他に探すしかない。We discussed を S ＋ V と解釈してはならない。なぜなら discuss は他動詞であるから目的語を必要とするにもかかわらずその直後に over lunch という前置詞句しかない。どうするか。we discussed を接触節と考えて直前の topics に修飾させて読むしかない（解テク 84 の接触節）。topics (which) we discussed「我々が話し合った話題」となる。was は「〜であった」ではなく「〜があった：存在した」である。film directors 以下は直前の habit を修飾する。左ページのダイアグラムを見てみよう。

DIAGRAM

Among topics 〔¹ we discussed ( ) / over lunch〕 / was the regrettable
　　　　　　　　　　　　　　　　　　　　　　　　　　V
habit 〔² film directors then had ( )〕 of altering the plot of a novel / to suit
S　　　　　　　　　　　　　　　～という　　　　　　　　　　　　　自分に合わせるために
themselves, / to the extent even of changing a sad ending into a happy one.
　　　　　　　　　　　　　　　　　　　　　　　　　　　　　　　　　　　　　　 ending

　〔¹　〕は接触節として topics を修飾する。〔²　〕も同様に直前の the regrettable habit にかかる。なぜそこが〔　〕と判断できるか？　had of という表現が存在しないから had の直後に本来存在した目的語を探すことになる。前方の the regrettable habit であることに気づく。すると the habit of altering ～ という結びつきが見えてくる訳である。このように of が habit と離れていながら修飾関係にあるものを「分離修飾」という（解テク 86 参照）。of は「～という」の意の「同格の of」（解テク 95 参照）。後ろから訳し上げて行くと「小説の筋を変えるという、当時の映画監督がもっていた嘆かわしい習慣」となる。

　大きな構造のみを残すと次のようになる。

　Among topics was the habit of altering the plot.
　　　　　　　 V　　S

後ろから訳し上げると「あら筋を変えるという習慣が、話題の中にあった」。普通の語順にすると次のようになる。

　The habit of altering the plot was among topics.
　　 S　　　　　　　　　　　　　　　 V

【全訳】若い頃、私は南フランスの友人の家で初めてサマセット・モームに会った。
　昼食をとりながら私達が話し合った話題に出たのは、悲しい結末を幸せな結末に変えるという程度にまで小説の筋を自分に合うように変えてしまうという当時の映画監督のもっていた嘆かわしい習慣のことであった。

Learn it by heart!　　　　暗唱用例文 # 071　　　　**CD-143**

At the foot of the hill stood deserted factories.
丘のふもとには見捨てられた工場があった。

解テク 72　倒置の C ＋ V ＋ S が出る

●下線部を和訳しなさい。　　　　　　　　　　　　　　　　　CD-144

It is unlikely that many of us will be famous, or even remembered. <u>But no less important than the brilliant few that lead a nation or a literature to fresh achievement are the unknown many whose patient efforts keep the world from running backward ; who guard and maintain the ancient values, even if they do not conquer new.</u>

(京大)

【Words & Phrases】　It is unlikely that ～　～はありそうにない◆no less A than B　B に劣らず A：B 同様に A◆the brilliant few 異彩を放つ少数の人々◆lead A to B　A を B にまで導く◆a nation 国民◆literature 文学◆achievement 成就◆the unknown many 無名の多くの人々◆patient 忍耐強い◆keep A from ～ ing　A に～させない◆run backward 後退する◆guard ～を守る◆maintain ～を維持する◆ancient values 昔から続く価値観◆conquer ～を征服する：～を獲得する：を生み出す◆new ＝ new values 新しい価値観

♣ S ＋ V ＋ C の倒置は C ＋ V ＋ S となって出現する。この倒置文で C が文頭に出る理由は主に二つある。一つは C を強調したいため。もう一つは、長い S が文頭に出ると文意がわかりづらいので逆転させて文意を早目に知らせるのである。なぜなら第二文型では C と V こそが文意の core（核）だからである。V を中心にして C と S を逆転させると普通の語順に戻る。

5 行目のセミコロンを単にピリオドの変わりと解釈しても構わないが、前文の理由が添えられた文なので、「なぜなら」と意訳すると著者の意味がより汲み取れる。conquer「～を獲得する」は他動詞で目的語を必要とする。従って new が単なる形容詞でないことが判断できる。new のあとは values が略されていることが少し前の the ancient values でわかるだろう。英語はかくも論理的に構成される言語なのである。

DIAGRAM

no less <u>important</u> / than <u>the brilliant few</u> 〔<u>that</u> lead a nation or a literature
　　　　　C

to fresh achievement〕 <u>are</u> <u>the unknown many</u> 〔<u>whose</u> patient efforts keep
　　　　　　　　　　　V　　　S

the world from running backward〕;

上記を普通の文にすると次のようになる。

<u>The unknown many</u> 〔<u>whose</u> patient efforts keep the world from running
　　　　S

backward〕 <u>are</u> no less <u>important</u> than <u>the brilliant few</u> 〔<u>that</u> lead a nation
　　　　　V　　　　　C　　　　　　　　　　　　　　　　　　　関代

or a literature to fresh achievement〕.

2つの〔　〕（ともに関係詞節）を取り除くとスッキリと読める。

<u>The unknown many</u> <u>are</u> no less <u>important</u> than the brilliant few.
　　　　S　　　　　　V　　　　　　C

「無名の多くの人々は、異彩を放つ少数の人々に劣らず重要である。」

【全訳】我々の多くが有名になったり、（人々の）記憶にとどまったりすることはありそうもないことである。しかし、ある国民やある文学を新たな成就に導く異彩を放つ少数の人々に劣らず重要なのは、忍耐強い努力によって世界が後退することを防いでいる無名の多くの人々なのである。なぜなら、彼らはたとえ新しい価値観を生み出さないまでも、昔から続く価値観を守り、維持してくれるからである。

Learn it by heart!　　　暗唱用例文 # 072　　　**CD-145**

No less important than money is time.
お金に劣らず重要なのは時間である。

解テク 73　関係代名詞の二重制限が出る

●下線部を和訳しなさい。　　　　　　　　　　　　　CD-146

Albert's father sat on the bed and explained that the needle of a compass always points north because it is attracted by magnetism to the North Pole. In fact, the earth itself is like a huge magnet, surrounded by a magnetic field that turns compass needles. <u>Albert was fascinated by this strange, invisible force that had been around him all the time, but about which he had never known.</u>

（埼玉大）

【Words & Phrases】　Albert アルバート・アインシュタイン（1879—1955・米国の物理学者で相対性原理の提唱者）◆ needle 針 ◆ compass 羅針盤 ◆ point ～を指す ◆ attract ～を引っぱる ◆ magnetism 磁力 ◆ the North Poles 北極 ◆ huge 巨大な ◆ a magnetic field 磁界 ◆ be fascinated by ～に魅せられる ◆ strange 未知の ◆ invisible 目に見えない ◆ force 力 ◆ all the time 常に

♣ 同一の先行詞を 2 つの関係代名詞節が修飾することがある。これを「**関係代名詞の二重制限（または二重限定）**」と称す。ここで大切なことは、**前の関係代名詞節→後の関係代名詞節→先行詞という語順で訳す**、ということである。

　例　There is something that passes for heroism **which** is not heroism at all, and **which** deserves only contempt.
　「英雄的な行為として通っていることで、英雄的な行為などでは全くなく、軽蔑にしか値しないようなものがある」

　本文第 1 文の述語動詞 (V) の sat 及び explained が過去形であっても、that 節内の内容は「不変の真理」であるから現在形が用いられている。これは「時制の一致」の原則に従わなくてもよい例である。4 行目の surrounded 以下は直前の a huge magnet を修飾する形容語句。p.p. ＋ by に導かれる表現は通常直前の名詞や節を修飾する後置修飾句であると覚えておこう。これも解テクのひとつである。

DIAGRAM

<u>Albert</u> <u>was fascinated</u> by <u>this strange, invisible force</u> 〔**(that** had been
　　S　　　V
around him all the time), (but about **which** he had never known ◯)〕.

最後の ( ) の but about which he had never known は but which he had never known about のこと。これは

He had never known about this strange, invisible force.
「彼はこの未知の目に見えない力について決して知らなかった」
が語順を変えたものと考えればよい。

前述のルールに従って「周囲に常に存在していたけれど、その存在について彼が決して知らなかった、この未知の目に見えない力」と訳す。

【全訳】アルバートの父はベッドに座って、羅針盤の針が常に北を指すのは、針が磁力によって北極に引きつけられているからだと説明した。実際、地球そのものが羅針盤の針を振らせる磁界に取り囲まれた巨大な磁石である。<u>アルバートは自分の周囲に常に存在していたけれど、その存在について決して知らなかったこの未知の目に見えない力に魅せられた。</u>

Learn it by heart!　　　暗唱用例文 # 073　　　**CD-147**

Is there anybody that *you know* who *is suited for the post*?
あなたの知っている人で、その役職に適任な人はいますか。

解テク 74 二重否定は －×－ ＝ ＋ と考えよ

●下線部を和訳しなさい。

CD-148

No one should spend too much time on memories. Some people start doing that when they are twenty and never get over living in the past. The other day someone asked me what year my father died and I couldn't remember. <u>The date never seemed like one to commit to memory, and I don't think of him any less often for having put it out of my mind.</u>

（白百合女子大）

【Words & Phrases】　memories 思い出◆ get over 〜を克服する◆ live in the past 過去に生きる◆ the other day 先日◆ date 日付け．ここでは命日◆ one ＝ a date ◆ commit to memory 〜を暗記する◆ think of 〜のことを考える◆ less often よりひんぱんでなく◆ for having put it out of my mind それを忘れてしまったからといって (it ＝ the date)

♣マイナスとマイナスをかけ合わせるとプラスになるのは言語も同じ。There is **nobody** here that **doesn't** like her.「彼女を好きで**ない**人はここにはいない」とは Everybody here likes her. のことだ。これが二重否定で、強くプラスをアピールするために使う。この－×－＝＋が狙われる。

　次の例を見て、どう解釈するか考えてほしい。

There are **few** students in this class **but** love the teacher in charge of them.「このクラスの中で自分たちの担任教師を愛さ**ない**生徒は**ほとんどいない**。」few は「ほとんど〜ない」の弱否定の形容詞。but は否定の関係代名詞で who not に相当するから but 以下は who don't love the teacher in charge of them と書き換えられる。few と but の否定動詞で相殺し合うので全体の意味はプラスとなる。

　4行目の what year は「何年に」の副詞句で、in what year の in が略されたものと考えよ。what year を when「いつ」としても意味は近い。

> **DIAGRAM**
>
> ```
>                       a date
>                         ‖
> The date never seemed like one 〔to commit to memory〕, / and I don't
>   S           V       C
>
> think of him any less often / for having put it out of my mind.
>   V                            ↑                         ‖
>                          〜だからといって              the date
> ```

　The date never seemed (to be) like 〜で「（父の）命日は決して〜のようには思われなかった。like は「〜のような：〜のように」の意味の前置詞で M（修飾語）。文型を決める要素にならない。seem のあとの to be は略して seem like 〜で「〜のように思われる」として使うことが多い。to commit 以下は one にかかる形容詞用法の不定詞句で「暗記すべき」として one「命日」にかかる。for は「〜だからといって」意。put A out of one's mind は「A を心の外に置く」つまり「A を忘れる」のイディオム。「命日を忘れたからといって〜ない」と、for 以下が前の don't にかかる。less は not に代えて読むとわかりやすい（次ページの解テク 75 参照）。（ただし not のままで使うと文法上は誤りなので注意してほしい）

※ don't think of him any <u>not</u> often「父についてはしばしば考えなくはない」。

つまり「父についてしばしば考える」の意味。（※上記の not は文法上は誤りで less が正しい。考え方を示すために提示したものなので了解してほしい）

【全訳】誰であれ思い出にあまり多くの時間を費やすべきではない。二十歳（はたち）からそんなことをし始めて決して過去に生きることを克服しない人もいる。ある人が私にお父様は何年に亡くなりましたかと尋ねたが私は思い出せなかった。父の命日は決して記憶すべき日付けだとは思わなかったし、命日を忘れたからといって、それだけ私の父への思いが少なくなっているなどということはないのである。

Learn it by heart! 　　　　　　暗唱用例文 # 074 　　　　　　**CD-149**

I do*n't* love my parents any *less* for not calling them up every day.
毎日両親に電話をしないからといって、両親を愛して**いない**わけでは**ない**。

解テク 75　less は not にして読め

●下線部を和訳しなさい。　　　　　　　　　　　　　　　CD-150

　The child becomes less dependent upon parents and adult authorities and more dependent upon his age mates quite early. In an investigation of children's behavior in preschool, <u>it was found that the children occupied themselves with trying to get the attention and interest of adults much less than with trying to win the approval of their contemporaries.</u>

（岩手大）

【Words & Phrases】　adult authorities 大人の権威 ◆ age mate(s) 同年齢の友達 ◆ investigation 調査 ◆ preschool 幼稚園：保育園 ◆ It was found that ～ ～が判明した ◆ occupy oneself with ～のことで頭がいっぱいである：～に専念している ◆ attention 注目 ◆ interest 関心 ◆ win the approval of ～に認めてもらう ◆ contemporaries 同年齢の者

♣ 否定の副詞 less は less A than B の形で「B ほど A でない」だが、手っ取り早く読むには less を not にして読むとよい。下線部の冒頭も The child becomes less dependent ～は the child becomes not dependent「子供は依存しない」としてスンナリ読める。

　This watch is **less** expensive than that one. この less も not にして読むとよくわかる。「この時計はあの時計**ほど**高価**ではない**。」とスンナリ読める。ただし解テク 74 で述べたように not にして実際に使用したら文法違反だから気をつけてほしい。あくまでも頭の中で less を not に置き換えて読むだけにとどめよう。

DIAGRAM

<u>the children</u> <u>occupied</u> <u>themselves</u> <u>with</u>[1] trying to get the attention and
     S   V   O

interest of adults much less / than <u>with</u>[2] trying to win the approval of

their contemporaries.

　英文中に than がある時は常にその直前で切って考えよう。意味上前後が分離しているからだ。この文は with が２カ所並列になっている。much less「ずっとより〜でない」は occupied を修飾している。

　直訳して「子供たちは同年令の子供たちに認めてもらおうとすることほど大人の注目や関心を得ようとすることで頭がいっぱいではなかった」としてもわかるがイマイチである。

　less A than B「B ほど A ではない」だが、逆に言えば「A というよりむしろ B」である。これで訳した方が上記の英文はわかりやすい。下の全訳は後者の方法による。

例 He is **less** interested in math **than** physics.
　「彼は数学**よりむしろ**物理学に興味がある」

【全訳】子供は極めて幼い頃から大人や大人の権威には依存せず、同年齢の友達の方により依存するようになる。幼稚園の子供たちの行動の調査で、<u>子供たちは大人の注目や関心を得ようとすることよりもむしろ同年齢の子たちに認めてもらおうとすることで頭がいっぱいであることが判明した</u>。

Learn it by heart! 　　　暗唱用例文 # 075　　　　　　　　　CD-151

He is *less* eager to study *than* he used to be.
彼は以前**ほど**熱心に勉強したがら**ない**。

159

解テク 76　otherwise が問われる

●下線部を和訳しなさい。　　　　　　　　　　　　　CD-152

　Man is a weak and poorly endowed creature as far as his physical body is concerned and his survival depended on the use of his brain and his hands.

　<u>He had to invent tools and weapons that would enable him to kill animals larger than himself, and to learn to use fire not only for warmth but to cook substances that otherwise would have been inedible.</u>

（神戸市外大）

【Words & Phrases】　a weak and poorly endowed [ɪndáud] creature 弱く天賦の能力に乏しい生き物 ◆ as far as A is concerned　Aに関する限り ◆ physical 物理的な ◆ survival 生存 ◆ depend on ～に左右される：～にかかっている ◆ the use of ～を使うこと ◆ invent ～を考案する：発明する ◆ weapons 武器 ◆ enable A to (do) Aに～することを可能にさせる ◆ not only for A but to (do) B　Aのためだけでなく B をするためにも ◆ substance (s) 物 ◆ otherwise さもなければ ◆ inedible 食べられない

♣ 副詞としての otherwise は「さもなければ」のことで、その直接の意味を問うためにしばしば出題される。otherwise の示す部分を日頃から考える習慣をつけたい。
　次の otherwise をどう解釈するだろうか。
　The ocean water is vaporized, and the process absorbs much heat that would **otherwise** serve to warm the ground.（早大・理工）
　「海の水は蒸発する。その過程で、**もし熱が吸収されなかった場合には**陸地の温暖化の促進につながるであろう大量の熱が吸収されるのである」
この otherwise は if the heat were not absorbed と言い換え可能である。
　解テク9の本文4行目の otherwise (p26) も参照して理解を深めてほしい。

DIAGRAM

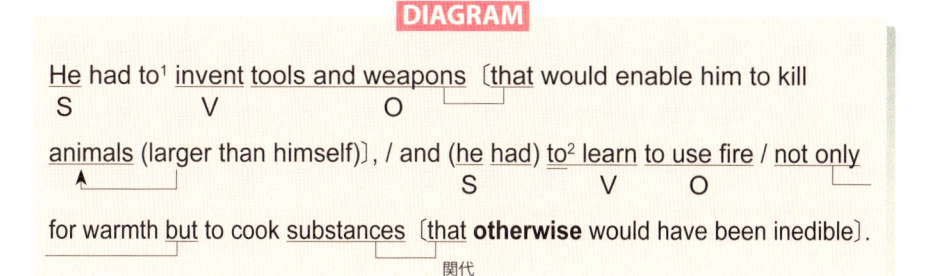

He had to[1] invent tools and weapons 〔that would enable him to kill
　S　　　V　　　　O
animals (larger than himself)〕, / and (he had) to[2] learn to use fire / not only
　　　　　　　　　　　　　　　　　　　　S　　　　V　　O
for warmth but to cook substances 〔that **otherwise** would have been inedible〕.
　　　　　　　　　　　　　　　　　　　関代

第 1 文の had to は must の過去形で法助動詞 (modal auxiliary) である。簡単に言えば will、can、should などの助動詞のひとつである。これは要素に含まれないから述語動詞 (V) になれない。従って invent が V である (p121 参照)。

〔 〕は関係詞節。(larger 〜) は animals にかかる後置修飾句。2 行目の to を had to の to か、enable him to の to かは迷うところだが、意味から判断して had to の to である。otherwise は「もし火で調理をしなかったら」のこと。

言いかえれば otherwise は if they had not been cooked with fire である。otherwise に遭遇したら「どこを指すのか」と常に問う癖をつけよう。

【全訳】人間は肉体に関する限り、貧弱で天賦の能力に乏しい生き物で、自らの生存は頭脳と両手を使いこなすことにかかっていた。
　彼（人間）は自分より大きな動物を殺すことを可能にしてくれる道具や武器を考案しなくてはならなかったし、暖をとるためばかりでなく、もしそうしなければ食べられないような物を調理するためにも、火を使えるようにならなくてはいけなかったのである。

Learn it by heart!　　　　暗唱用例文 # 076　　　　CD-153

He reminded me of what I should *otherwise* have forgotten.
彼は**もし思い出させてくれなかったら**忘れてしまったであろうことを思い出させてくれた。

解テク 77　There 構文の There は形式に過ぎない

●下線部を和訳しなさい。　　　　　　　　　　　　　　　　　CD-154

What is learning? That's too big a subject to answer in a word or two.

One possible answer may lie in the everlasting human endeavor to learn more about ourselves and the world around us. <u>We live in such a vast universe that, no matter how much we get to know, there still remains a lot more to learn.</u>

(関西学院大・文)

【Words & Phrases】　a subject 主題：テーマ◆ in a word two 一言や二言で◆ possible 考えられる◆ lie in ～にある◆ everlasting 永続的な：絶え間のない◆ endeavor 努力◆ vast 広大な◆ universe 宇宙◆ no matter how ～ たとえどんなに～でも◆ get to (do) ～するようになる◆ still それでも：依然として◆ a lot 大いに

♣ 受験生は There is ～や There are ～は平気だが、There remains ～や There occurres ～などとなると、とたんに苦手意識をもつようだが、気にする必要はない。There は形式語であって、特に意味はないのだ。There のあとには「存在する；発生する」等の意味をもつ完全自動詞が来るだけで、基本的には「～がある」という意味の域を越えない。従って後に remain, come, occur, stand, exist, be detected などが来て、**There ＋「～が存在する」系の V ＋ S の第 1 文型をとり、「～がある，生じる」**などの意味となる。

　例　**There** doesn't appear to **be** anyone caught cheating during the exam.
　　「試験中にカンニングが発覚した者は一人も**いない**ようだ」

第 2 文は to ～ to…構文「あまりにも～だから…できない」。

　例　This rock is ***too*** heavy for me ***to*** lift.
　　「この岩は重**すぎて**私には持ち上げ**られない**」

> **DIAGRAM**
>
> We live in such a vast universe / that, / no matter how much we get to
> S   V
> know, / there (still) remains a lot more 〔to learn (than we get to know)〕.
>   V   S

such ~ that 構文で「大変な~だから…」。there still remains a lot more to learn は「学ぶべきもっと多くのものが今だに残っている」の意味。more の比較の対象は文末の（　）で示した通り。there is a lot more ~としても大体同じことであることから、There 構文は There is〔or are〕を基本に考えればよい。

次の文はどう解釈すればよいだろうか。

There still exist many unreasonable things in the world.
「世界にはまだ多くの不合理なものが存在している」
exist「存在する」を are にしても全く同じことである。are も「存在する」の意味だからである。exist が V で things が S である。

【全訳】学習とは何であろうか。それはあまりにも大きな問題なので一言や二言では答えられない。
　ひとつの考え得る答えは、我々と我々のまわりの世界についてもっと知ろうとする絶え間ない人間の努力にあるのかも知れない。我々は実に広大な宇宙の中で暮しているので、たとえどんなに多くのことを我々が知るようになろうとも、依然として学ぶべきものはそれ以上に残っているのである。

Learn it by heart!　　　　暗唱用例文 # 077　　　　**CD-155**

There *may* be detected from his daily life *some traces* of human aggressiveness.
人間の日常生活から、ある程度の人間の攻撃性の痕跡**が認められるかも知れない**。
（There are some traces of human aggressiveness. の応用。are に相当するのが be detected）

解テク 78　数量表現の後の of は「〜のうちの（で）」

●下線部を和訳しなさい。　　　　　　　　　　　　　　　CD-156

　Individuals, too, can help by purchasing recyclable items, sorting out garbage, refusing excessively wrapped goods, and in many other ways.
　<u>Much of what we throw away could actually be recycled, and if we reuse something in this way it is no longer a waste product but rather becomes a resource.</u>

（福岡女子大）

【Words & Phrases】　individuals 個々人◆ purchase 〜を買う◆ recyclable items 再生利用可能な物◆ sort out 〜を分別する◆ garbage 生ゴミ◆ excessively 過剰に◆ wrapped 包装された◆ throw away 〜を捨てる◆ actually 実際に◆ reuse 〜を再利用する◆ no longer A but B もはや A でなく B ◆ a waste product 廃棄物◆ a resource 資源

♣ **数量を表わす語句の直後の of は「〜のうちの」や「〜のうちで」である**。some of「〜のうちのいくらか」、many of : much of「〜のうちの多く」、none of「〜のうち、どれも…ない」、few of「〜のうち…はほとんどない」、one-third of「〜のうちの 1/3」etc.

　例　Around ten percent **of** the housewives I interviewed confessed that they drink in secret.
　　「私がインタビューした主婦**のうち**の約 10％は隠れてお酒を飲んでいますと告白した」

本文の第 1 文は第 1 文型。by 以下は 3 つの -ing が並列。

<u>Individuals</u>, too, can <u>help</u> by ─┬─ purchasing 〜 ,
　　S　　　　　　　　 V　　　　├─ sorting out 〜 ,
　　　　　　　　　　　　　　　　 └─ refusing 〜

3 行目の and 以下は help を修飾。

DIAGRAM

<u>Much of</u> 〔what we throw away〕/ could 〔actually〕 <u>be recycled</u>, / and if we
　　S　　　　　　　　　　　　　　　　　　　　　　　V

reuse something in this way / it is no longer a waste product / but (it)
　　　　　　　　　　　　　　　⫫
　　　　　　　　　　　　　something

rather becomes a resource.

　文頭の **Much of** は「〜のうちの多く：大部分」という名詞。can ではなく could が使われているので仮定法過去形。can なら直接法で「〜できる」という断定になるが、could にすると「（もしやろうと思えば）〜できるだろう」という実現し得ないことを想像する反実仮想となる。in this way「このようにして」とは直前の be recycled「リサイクルされる」ことを指す。

　but は「しかし」ではない。少し前の no longer「もはや〜ない」が not 〜 any longer と同じであることを見抜けば、**not A but B 構文「A ではなく B」**であることがわかろう。

【全訳】個々人も再利用可能な物を買ったり、生ゴミを分別したり、過剰包装を断わったり、その他いろいろなやり方で助けになることが可能である。
　<u>我々の捨てるものの多く</u>は実際に<u>再生利用できるであろう</u>し、もしこのようにして何かを再利用すれば、それはもはや<u>廃棄物ではなくむしろ資源</u>となるのである。

Learn it by heart!　　　　　暗唱用例文 # 078　　　　　CD-157

I found *many of* the participants in favor of the proposal.
私は参加者**のうちの多く**がその提案に賛成だと知った。

解テク 79　The ＋比較級, the ＋比較級が出る

●下線部を和訳しなさい。　　　　　　　　　　　　　　CD-158

　Thanks to modern machinery, production is outrunning consumption. Organized waste among consumers is the first condition of our industrial prosperity. <u>The sooner a consumer throws away the object he has bought and buys another, the better for the producer.</u>

（大阪外大）

【Words & Phrases】　thanks to 〜のおかげで◆ machinery 機械類（集合的）◆ production 生産◆ outrun 〜を追い越す◆ consumption 消費◆ organized waste 組織的な浪費◆ condition 条件◆ prosperity 繁栄◆ consumer 消費者◆ object 物◆ producer 生産者

♣ The ＋比較級, the ＋比較級の構文「〜すればするほど、〜する」は、多くが倒置文になる関係上解釈上の困難を伴う場合が多いので出題頻度が高い。前半の節が従属節で、後半が帰結節（主節とも称す）。

　次の文を解釈してみよう。

　The more money there is available for making purchases, **the less** will its value be.（滋賀大）

The more 〜 , the less 〜 で「〜であればあるほど、ますます〜ない」となる。

　「物を買うためのお金が手に入るようになればなるほど、ますますお金の価値はなくなるものである」

このように否定の意味での the less も使用されるので注意したい。

　The less talkative he got, **the more** concerned we grew.

　「彼の口数が少なくなればなるほど、我々は心配になっていった」

DIAGRAM

The sooner a consumer throws away the object 〔he has bought ◯〕 and
　　　　　　S　　　　　　V　　　　　　O
〔the sooner he〕buys another 〔object〕, / the better 〔it is〕 for the producer.
　　S　　　　　V　　　O　　　　　　　　C　　SV

〔 〕は直前の the object にかかる接触節。the better の後に it is が略されていて、この it は直前の The sooner ～ another までの従属節。この構文では it is は略される場合が多い。

　尚、この The ＋比較級～，the ＋比較級構文では、前半が従節で後半が主節であるのが通例だが、主節が前に出ることがある。次の例を見てほしい。

　I feel **the happier, the busier** I get.
これを「私は幸せになればなるほど、忙しくなる」と訳しても意味不明でナンセンスである。後ろから訳し上げて「私は忙しくなればなるほど、幸せに感じる。」と訳すと通じる。

　主節が前に出たことの目印は、the ＋比較級が文頭に出ないことである。ここでは I feel が文頭に出ている。

【全訳】近代的な機械のおかげで、生産は消費を上回りつつある。消費者間の組織的な浪費が現代の産業の繁栄の第一の条件である。消費者が買った物を早く捨てれば捨てるほど、そして別の物を買うのが早ければ早いほど、生産者にとっては都合がよいのである。

Learn it by heart!　　　　　　暗唱用例文 ＃ 079　　　　　　**CD-159**

The more the teacher explained the theory, *the harder* the students found it to understand.
教師がその理論を説明**すればするほど**生徒は理解し**にくくなった**。

167

解テク 80 Not until 〜が出る

●下線部を和訳しなさい。　**CD-160**

Beneath the buildings and streets of a modern city exists the network of walls, columns, cables, pipes, and tunnels required to satisfy the basic needs of its inhabitants. <u>Not until the underground breaks down or a water main bursts do we begin to feel the extent of our dependence on this vast hidden network.</u>

（電気通信大）

【Words & Phrases】 beneath 〜の下には◆ exist 〜が存在する◆ column (s) 柱◆ required to (do) 〜するのに必要な◆ satisfy 〜を満たす◆ needs 要求◆ inhabitant (s) 住民◆ underground 地下道◆ break down 故障する◆ a water main 水道の本管◆ burst 破裂する◆ extent 程度◆ vast 広大な

♣ 第1文は倒置文で、V の exists を中心にして前後を逆転すると、通常の文となる。下線部も副詞＋V＋S の第1文型（解テク71 参照）。

Beneath the buildings and streets of a modern city exists (the network of walls, columns, cables, pipes, and tunnels) (required / to satisfiy the basic needs of its inhabitants).
　　　　　　　　　　　　　　　　　　　　V　　　S　　　　　　　　　　　　　　　　　　　P.P

required to 〜以下は「〜するために必要とされる」という意味で直前の ◯ にかかる後置修飾句。S が長いために、場所を表す副詞句を文頭に出して全体のバランスをよくしたもの。骨格のみにすると、

Beneath 〜 <u>exists</u> <u>the network</u>.「ネットワークの下に〜が存在する」。
　　　　　　V　　　　S

DIAGRAM

Not until the underground breaks down or a water main bursts / *do we*
　　　　　　　　　　　　　　　　　　　　　　　　　　　　　　　　　　　　S

begin to feel the extent of our dependence on this vast hidden network.
　V　　O

　　Not until で始まる副詞節を強調のため文頭に出したために、do we 〜以下が倒置文になっている。Not until A / B で「A まで B しない」の意だが、通例、「A になってはじめて B する」と肯定に意訳する。尚 Not until は Only after とも置換可能（下の例文参照）。

　　尚、この構文は It is not until A that B（節）「A になってはじめて B となる」という強調構文の形をとって出題されることも少なくない。上記の文はこれで書き換えると次のようになる。

　　It is not until the underground breaks down or a water main bursts **that** we begin to feel the extent of our dependence on this vast hidden network.

　　尚、この際には that 以下は倒置文とはならないことに注意。

　　the extent of our dependence on 〜は直訳すると「〜への我々の依存の程度」だがその意味は「〜に我々が依存している程度の大きさ」。これをさらに意訳して「我々がいかに大きく〜に依存しているか」とするとわかりやすい日本語になる。英語は名詞主体の言語であることがこれでよくわかる。別の英語表現にすると how much we depend on 〜となる。

【全訳】現代都市の建物や街路の下には住民の基本的要求を満たすのに必要な壁、柱、ケーブル、パイプ、トンネル等のネットワークが存在する。<u>地下道が故障したり水道本管が破裂してはじめて、我々は自分たちのこの広大な隠れたネットワークにいかに大きく依存しているかを感じ始めるのだ。</u>

Learn it by heart!　　　　暗唱用例文 # 080　　　　**CD-161**

Not until I saw him alive *did I feel* relieved.
[= *Only after* I saw him alive *did I feel* relieved.]
彼が生きているのを見て**はじめて**私は安堵した。

解テク 81 先行詞は直前にあるとは限らない

●下線部を和訳しなさい。

Today advertisements urge us to buy both luxuries and necessities. The cost of food, clothing, and shelter has risen dramatically as has the cost of education. Theater tickets, records, and cars—everything takes money.

<u>This makes us wonder if there is anything worth having today that does not cost money.</u>

(群馬大)

【Words & Phrases】 urge A to (do) A に〜するように促す ◆ luxuries ぜいたく品 ◆ necessities 必需品 ◆ clothing 衣類 ◆ shelter 住居 ◆ dramatically 劇的に ◆ take 〜を必要とする ◆ This 直前の文をさす ◆ worth 〜に値する

♣ 先行詞は必ずしも関係詞の直前に来るとは限らない。

次の例文ではどうだろうか。

Nothing in this world is of any worth **which** has not labor and toil as its price.

先行詞を this world や any worth と考えるとマズい。訳してみると「その代価として努力や骨折りを要さない世界」とか「その代価として努力や骨折りを要さない価値」という珍訳になってナンセンスだからだ。先行詞は Nothing。あくまでも先行詞は関係詞節の意味内容から判断すべきである。機械的に判断してはいけない。正しい和訳は「努力や骨折りを代価として要しないようなもので価値のあるものはこの世にはない」。

本文の3行目の as 以下は倒置。本来は as the cost of education has (risen dramatically). の語順。これもリズムの関係でそうなったものである。as は従属接続詞で「〜同様に」の意味。as 以下は「教育費がそうであったと同様に」で前の主節全体にかかる。

DIAGRAM

This makes us wonder 〔if there is **anything** (*worth having today*) (*that does not cost money*)〕.

- This: S
- makes: V (〜に…させる)
- us: O
- wonder: C
- if: 〜かどうか
- anything: もの
- worth having today: 今日、持つに値する
- that: 関代

　thatの直後にVがあることからthatが関代であることは一目瞭然だが、先行詞はどれだろうか？関代の直前にあるとは限らない。(worth having today)を飛びこえた前にあるanythingが先行詞である。関係詞節の意味内容を見極めて、先行詞を特定しなくてはいけない。これは「関係代名詞の二重制限」で、訳す順番に留意したい（解テク73参照）。

　尚worthは前置詞であるために目的語を後に必要とする。worth havingで「持つことに値する」となり、直前のanythingを修飾する。よって「持つに値するもの」となる。次の例で確認してほしい。

Is the work **worth** the effort?
「その仕事は努力**に値する**だろうか」

The movie is **worth** seeing.
「その映画は見る**に値する**」。

The glorious sunrise was **worth** getting up early for.
「壮麗な日の出は早起きした**甲斐があった**」

【全訳】今日広告によって我々はぜいたく品と必需品の両方を買うよう煽られる。衣食住の費用は教育費同様に劇的に高騰している。劇場の切符、レコード、車などなど、すべてにお金がかかる。
　このため我々は、今日所有する価値のあるもので、お金のかからないものなどあるだろうかと思うほどである。

Learn it by heart!　　暗唱用例文 # 081　　CD-163

Please lend me *any book* worth reading *that*'ll make me forget my worries.
読む価値のある本で心配事を忘れさせてくれる本があったら何でもいいから貸して下さい。

解テク 82　have [get] ＋ O ＋ p.p. が出る

●下線部を和訳しなさい。　　　　　　　　　　　　　　CD-164

　For the general public, the birth of photography was a miracle: <u>for the first time people of modest means could afford to have their faces and the main events of their lives recorded for future generations</u>.

（津田塾大・英文）

【Words & Phrases】　the general public 一般大衆◆ birth 誕生；出現◆ photography 写真技術◆ miracle 奇跡◆ modest まあまあの；控え目の◆ means 財力；資産◆ afford to (do) 〜する余裕がある◆ generation (s) 世代◆ future generations 後世の世代（の子孫）

♣ have [or get] ＋ O ＋ p.p. で「O を…してもらう・させる」の意味になることは知っていても、いざ O を長くして出題すると、見破ることができなくなる人が多い。引っかけ問題の典型である。

　次の英文を解釈してほしい。
I had what few pieces of furniture I had burned in the fire.
「私は所有ししていた数少ない家具全部をその火事で焼失してしまった」
文頭の had と後半の burned とで have ＋ O ＋ p.p. を構成している。what few pieces of furniture I had はひとまとめの名詞節で「私の所有していた少ないけどありったけの家具」の意味。what は関係形容詞で「ありったけの」という意味。その長い O に幻惑されてしまいがちだがそれを it に代入してみよう。すると I had it burned in the fire.「私はそれを火事で焼かれてしまった」として構文がすっきりする。長い O は it などに代えて読んでみるとよい。

　本文の下線部の構造をわかりやすくするため、枝葉末節を除去して過去時制にすると以下のように第 5 文型だと判明する。

<u>People</u> <u>had</u> <u>their faces</u> <u>recorded</u> (by photography).
　　S　　　V　　　　O　　　　C
「人々は自分の顔を（写真で）記録に残してもらった」

> **DIAGRAM**
>
> for the first time / people of modest means could afford to **have** their
>
> faces and the main events of their lives record**ed** / for future generations.
>   p.p

次の例文を解釈してみてほしい。

He panicked a lot when the car he had **had** just check**ed** at the garage broke down on the expressway.

正解は「彼は整備工場でチェック**させた**ばかりの車が高速道路上で故障したときには大いに慌てた」。「チェック**した**」ではマズい。これは He had just **had** the car check**ed** at the garage.「彼はその車を整備工場で点検**させた**ばかりだった」の the car が前に出たものなのだ。引っかけ問題として時々出題されるパターンである。

左ページの解説で紹介した英文（I had what 〜）も上記の例文もそうだが、うっかりすると had + p.p. の過去完了形であると見まがうが、だまされてはいけない。なぜならば、家具は火事で「焼かれる」のであり、車は整備工場で「チェックさせる（又はチェックしてもらう）」ものである。自分で故意に家具を焼いたり、整備工場でプロに任せず自分で車をチェックすることなど論理的に考えてあり得ないことである。自分で訳した日本語が少しでもおかしい時は妥協せず、どこかが誤っていると考え、見直すよう心がけよう。

【全訳】一般大衆にとっては、写真技術の誕生は奇跡であった。<u>初めて、控え目な財力の人々にも自分たちの顔と人生の大きな行事を後世の世代の子孫のために記録に残してもらう余裕ができたのであった。</u>

Learn it by heart!   暗唱用例文 # 082   **CD-165**

I can't afford to *have* my car fix*ed*.
車を修理**してもらう**余裕がない。

解テク 83 　S + V + O + C の O + C は nexus

●下線部を和訳しなさい。　　　　　　　　　　　　　CD-166

Though it is becoming increasingly easy to move from place to place, <u>our inability to communicate with one another, gives rise to numerous misunderstandings and makes real contact between people of different nationalities impossible.</u>

（東海大）

【Words & Phrases】　increasingly ますます◆ Though ～ place は it ～ to 構文◆ inability to (do) ～する能力のないこと◆ communicate with ～と意志の疎通を行う◆ one another お互い◆ give rise to ～を生じさせる◆ numerous 様々な◆ misunderstanding (s) 誤解◆ contact 接触：触れ合い◆ nationalities 国籍

♣ 5 文型の中で第 5 文型（S + V + O + C）こそ文型の王者である。出題率も極めて高い。この文型の見極めのひとつは、O + C の部分が、nexus（主語と述語の関係）を構成していることである。O と C の間に be 動詞を入れると、そこだけ独立した文になる。それを判定の目安にするとよい。

Although I had hoped my cellular phone might come in handy, I found it of no use at all at sea.

「私は自分の携帯電話が役に立つかも知れないと期待していたが、洋上では全く役に立たないことを知った」

上記の I found it of no use. の部分が第 5 文型。それぞれ O と C である it と of no use の間に be 動詞を入れてみると It is of no use. となって完全に独立した文として機能する。これが第 5 文型の証明となる。

　尚、C（補語）が準動詞の場合はその前後部分を微調整すればよい。

I want him to come back right now. などがそうである。him を He にし、to come を comes にすれば He comes back right now. となり、やはり独立した文になるから、O + C であることが証明できるのである。

DIAGRAM

<u>our inability</u> [to communicate with one another], <u>gives</u> <u>rise</u> to numerous
　　S　　　　　　　　　　　　　　　　　　　　　　V¹　　O¹

misunderstandings / and <u>makes</u> <u>real contact</u> [between people of different
　　　　　　　　　　　　　　V²　　　　O²
　　　　　　　　　　　　　〜を…にさせる

nationalities] <u>impossible</u>.
　　　　　　　　　　C

2つの〔　〕は M（Modifier：修飾語句）。O＋C 部分は

<u>real contact</u>　<u>impossible</u>
　　O　　　　　C

で、その間に be 動詞を入れると

　Real contact is impossible.

と文になることで第5文型が確認できる。

　さらにもうひとつの英文を考えてみよう。

　Could you have her call me back later?

「後で彼女に私の方に電話をさせて頂けますでしょうか。」

この文型確認も、her call me back later の部分を微調整すれば she calls me back later. となって完全な文として切り離せる。よってこの文も第5文型であることが認知できるわけである。

【全訳】あちこちへ移動することはますます容易になりつつあるが、<u>我々がお互いに意志の疎通ができないと様々な誤解が生じるし、そのことは様々な国籍の人同士の真の触れ合いを不可能にしてしまう。</u>

Learn it by heart!　　　暗唱用例文 # 083　　　**CD-167**

How soon can you get *your report ready*?
レポートはいつでき上がりますか。

解テク 84 突然節が出てきたら接触節

●下線部を和訳しなさい。　　　　　　　　　　　　　　　　　CD-168

Science dominates modern life. Just as the ancient Greeks consulted oracles to foretell the future, <u>people all round the world now expect to consult scientists about enterprises they wish to undertake or problems they seek to solve</u>.

（日大・法）

【Words & Phrases】 dominate ～を支配する◆ just as ちょうど～のように◆ the ancient Greeks 古代ギリシャ人◆ consult ～に相談する◆ oracles (s) 祭司：神主◆ foretell ～を予言する◆ expect to (do) ～しようと思う◆ enterprise (s) 事業◆ undertake ～に着手する：～を請け負う◆ seek to (do) ～しようと努める

♣英文を読んでいて突然節が出て来たらその節の直前の名詞にかかる。名詞に接触しているこの節を接触節と呼ぶ。「関係代名詞・目的格の省略ですね」と質問する学生が多い。確かに Yes だが、関代の目的格は使わない方が自然であり、普通である。従って、接触節という発想の方が speedy に英文を読めるから、以後、「関代の目的格の省略」という時代後れの考えは捨て去ろう。「私の持っている本」は the book I have であり、「彼の話している相手」は the person he is talking to である。

Coffee Break　　　すぐに全文訳を読むな

分からない箇所に突き当たるとすぐに解答の全文訳を読む人がいる。それはダメだ。試行錯誤し、考え抜き、悩み抜いて解答を出したあとで初めて脳は発達するからだ。悩むプロセスを大切にしてほしい。その苦しいプロセスこそが読解力を養成してくれるのだ。考え抜いて得た能力だけが実力になる。もし解答を読んで力がつくのなら世の中は天才だらけのはずだ。自分の脳をとことんいじめ抜こう。ガマンが大切だ。たった一文であれ 10 分も 20 分も考え抜こう。苦労の果てにようやくつかんだ成功は小さな感動を生む。苦労して得た知識やテクニックは絶対に忘れない。すぐに訳文を読まないで徹底的に頭を鍛えよう。

DIAGRAM

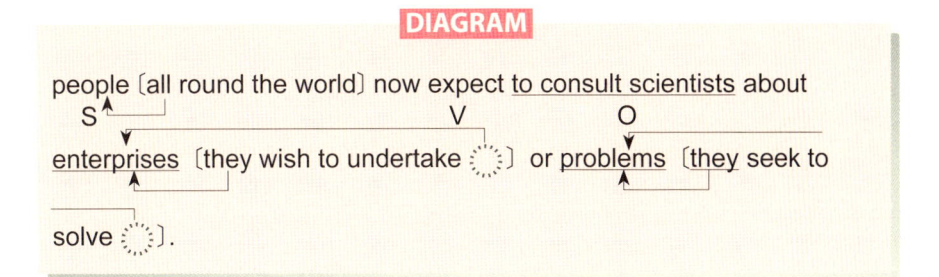

people 〔all round the world〕 now expect to consult scientists about
　S　　　　　　　　　　　　　　　　　　　V　　　　　　　O
enterprises 〔they wish to undertake ◯〕 or problems 〔they seek to
solve ◯〕.

2行目の2つの〔　〕が接触節として直前の名詞にそれぞれかかっている。

enterprises they wish to undertake ◯

「彼らが着手したい事業」

problems they seek to solve ◯

「彼らが解決しようと努力している問題」

【全訳】科学は現代生活を支配している。ちょうど古代ギリシャ人が祭司に未来を予言してもらうよう相談したように、世界中の人々は現在では着手したい事業や解決しようと努力している問題について科学者に相談しようとする。

Learn it by heart!　　　暗唱用例文 # 084　　　CD-169

I'd like you to name the people *you respect*.
あなたの尊敬する人の名前をあげて下さい。

解テク 85 従属節中の it is などは略される

●下線部を和訳しなさい。　　　　　　　　　　　　　　　CD-170

　A few years ago I became involved in a sequence of events in Japan that completely puzzled me. <u>Only later did I learn how something seen from the viewpoint of one's own culture can have an entirely different meaning when looked at from a foreign culture's point of view.</u>

（高知大）

【Words & Phrases】　become involved in ～に巻きこまれる：関わる◆ a sequence of 一連の◆ puzzle ～を当惑させる◆ viewpoint 見地：観点◆ entirely 全く◆ point of view = viewpoint 観点：見地

♣ if, when, while, before, unless などで始まる従属節の中では主語と be 動詞が略されることが多い。if it is asked → if asked といった具合だ。
　2 行目の that は関係代名詞。先行詞は a sequence of events。

Coffee Break ／や〔　〕の考え方

　英文を「文意グループ」で把握して読む習慣をつけてもらうために／や〔　〕を使って説明している。これはあくまでも説明の都合上のものである。従って読者の方には慣れるに従ってその作業を頭の中で行なうように進化して頂きたい。／や〔　〕は精読から速読への過程でやがて消えてゆくべき習慣である。／や〔　〕をつけなくなったら英語の黒帯になった証拠だと言える。

DIAGRAM

Only later / did I learn 〔how something (seen from the viewpoint of one's
　　　　　 S　V　　 O
own culture) can have an entirely different meaning / when (*it is*) looked
at / from a foreign culture's point of view〕.

　Only later という副詞句が強調のため文頭に出たため、直後が倒置して「疑似疑問文型」になっている（解テク27参照）。「あとになってはじめて私は～した」の意。
　〔　〕のhowから文末までがlearnの目的語となる名詞節。これをふつうの文に語順すると
　　I learned (only later) 〔how ～ view〕.
　　S　V　　　　　　　　　 O
となる。
　howは接続詞thatが消えた代わりに強意のために置かれたもので、特に訳出しなくてよい。従ってhowをthatに代えてもよい。how以下の文の要素を考えてみよう。
　　how something (seen ～ culture) can have an entirely different meaning
　　　　　 S　　　　　　　　　　　　　　 V　　　　　　　　　 O
　/ when (it is) looked at ～ .
when looked at が解テクのポイント。whenの後にit is が略されている。

【全訳】数年前、私は日本で一連の出来事に巻きこまれてすっかり当惑してしまった。後になってはじめて、いかに自国の文化の観点から見たものが、外国文化の観点から見るとまったく違った意味合いをもつことがあり得るのか、ということを知ったのであった。

Learn it by heart!　　　　暗唱用例文 # 085　　　　　　　**CD-171**

She never speaks unless (*she is*) spoken to.
彼女は話しかけられない限り自分からは話しません。

解テク 86 分離修飾が出る (1)

●下線部を和訳しなさい。　CD-172

Europe during the 19th century produced much that is remarkable, much that is splendid both in literature and art. Yet what is most remarkable and most splendid in that century is the triumph of science. <u>The application of science to life affected England especially, since it was England which was the earliest country to develop the railway, the steamship, and all kinds of machinery in manufactures.</u>

（愛知学院大・商・文）

【Words & Phrases】 remarkable 目ざましい ◆ splendid すばらしい ◆ triumph 勝利 ◆ application 応用 ◆ affect ～に影響を与える ◆ since ～なので：なぜならば ◆ steamship 蒸気船 ◆ machinery 機械類 ◆ manufacture(s) 製造業

♣ 文中のある語句が離れた部分にありながら、見えない糸で繋(つな)がっている―これが分離修飾である。例えば the right of everyone to live は本来、the right と to live が接触したものだ。つまり the right to live「生きる権利」に of everyone が挿入されて「すべての人の生きる権利」となったもの。また、the effects of A on B「AのBへの影響」つまり「AがBに与える影響」も本来 the effects on B「Bへの影響」であったものに of A が挿入されたわけであって、effect と on が密接な修飾関係にある。これが分離修飾で、見抜きにくい故に出題されやすいのである。

1行目の much は「多くのもの」で that 以下が関代節。2行目の much も同様。3行目の Yet は「それにもかかわらず」（解テク7参照）。what は関代で「もの」。

さらに例をあげよう。

the **priority** of his rank **over** that mine

「彼の地位が私の地位より上であること」

基本は priority over ～で「～より優先すること」。それが priority of A over B「AがBに優先されること」と分離されたのである。

DIAGRAM

The application (of science) to life / affected England especially, / since
　　　S　　　　　　　　　　　　　　V　　　　O

it was England which was the earliest country (to develop the railway,
　　　　S　　　　　　V　　　　　C

the steamship, and all kinds of machinery in manufactures).

　the application of A to B で「A の B への応用」。ここが application と to life の分離修飾。application to life で「生活への応用」。since 以下は it was ～ which の強調構文（解テク 34，35 参照）。since は「～なので」と後ろから訳し上げるように教わっていると思うが、なるべく頭から尻尾に向かって切り下げるようにして訳す方が面倒が少ない。そのため、since を because に変えて「なぜならば」と読み下すと楽である。it was と which を消去してみると England was the earliest country ～とふつうの文になるので、強調構文。which は that にしてもよい。（　）に入れた to develop 以下は直前の the earliest country を修飾する形容詞用法。言い換えれば the earliest country that developed ～となり「～を発展させた最初の国」の意味。

　尚、DIAGRAM の since 以下は強調構文ゆえに *it was* と *which* を除去した場合、第 2 文型となる。SVC がつけられているのは普通の文に戻った場合のことだから了解されたい。

【全訳】19 世紀のヨーロッパはめざましい多くのもの、すなわち文学と芸術の両面においてすばらしい多くのものを生み出した。しかしその世紀における最もめざましくすばらしいものは科学の勝利である。科学の生活への応用は特に英国に影響を与えた。なぜなら、鉄道、蒸気船、製造業におけるあらゆる種類の機械を発達させた最初の国は英国だったからである。

Learn it by heart!

暗唱用例文 # 086

CD-173

***Victory* of medicine *over* cancer is yet to be achieved.**
医学の癌への勝利はまだ成就されていない。

解テク 87 分離修飾が出る (2)

●下線部を和訳しなさい。　　　　　　　　　　　　　　CD-174

　In the frontier age, manual labor was highly valued. Later it was the man who worked with his head to achieve success in business and industry who was looked up to.

　Now there is in America a curious combination of pride in having risen to a position where it is no longer necessary to depend upon manual labor for a living and genuine delight in what one is able to accomplish with his hands.

（大阪府立大・経）

【Words & Phrases】　the frontier age 開拓時代◆ manual labor 肉体労働◆ achieve 〜を成就する◆ look up to 〜を尊敬する◆ curious 奇妙な◆ combination 組み合わせ◆ rise to 〜にまで昇りつめる◆ position 地位◆ no longer もはや〜ない◆ a living 生計◆ genuine 純粋な◆ delight 喜び◆ accomplish 〜を達成する

♣2行目の it was 〜 who は強調構文（解テク 34, 35 参照）。

DIAGRAM

Later it was the man 〔who worked with his head to achieve success in
　　　　　　S
business and industry〕 who was looked up to.
　　　　　　　　　　　　　　　　V

　最初の who は単に先行詞 the man を修飾するふつうの関代。その部分を〔　〕に入れて抜いて読むと Later it was the man who looked up to. となる。残ったこの who が強調構文の who。it was と who を取ると Later the man was looked up to. と、普通の英文になる。
　　　　　　　　　　　　　　　　　　　　　　　　　　S　　　　V

182

DIAGRAM

Now / there is [in America] a curious <u>combination</u> ***of*** pride [in having
　　　　V　　　　　　　　　　　　　　　　S
risen to <u>a position</u> (where it is no longer necessary to depend upon manual
labor for a living)] ***and*** genuine delight [in (what one is able to accomplish
with his hands)].

　3つの〔　〕をすべて除去すると、Now there is a curious combination of pride and genuine delight.「現在誇りと純粋な喜びとの奇妙な取り合わせが存在している」となる。a combination of A and B「AとBとの組合せ」という句が様々な修飾語に埋めつくされているわけだが、combinationを見たらすぐにandを予測しなければいけない。こういった分離修飾はなかなか見抜けないので入試の出題率が高い。
　(　)に入ったwhere以下は関係副詞節で先行詞は直前のa position。whereのあとはit 〜 to... 構文。2つ目の(　)は関代節でwhatは「こと」という意味でaccomplishの目的語でもある。

【全訳】開拓時代には、肉体労働が非常に高く評価された。後になると尊敬されたのは商売や産業で成功を収めるために頭(脳)を使った人間であった。
　<u>現在アメリカには、もはや生計のために肉体労働に頼る必要のない地位にまで登りつめたことへの誇りと、手先を使って達成できることへの純粋な喜びの奇妙な取り合わせが存在している。</u>

Learn it by heart!　　　　暗唱用例文 # 087　　　　**CD-175**

He stresses *the superiority* in education of learning *to* teaching.
彼は教育において教えることより学ぶことが優位にあることを力説する。
cf. be superior to 〜「〜より優れている」

183

解テク 88　S + V + C + O の倒置が出る

●下線部を和訳しなさい。　　　　　　　　　　　　　　**CD-176**

　Many Chinese ways were tried, found unsuitable, and rejected. The Japanese, moreover, thoroughly modified those Chinese concepts that were retained as they "Japanized" them. <u>Similarly, the Japanese have taken from the West a few things whole (technology), adapted and made Japanese others (political forms, economic organization, and the press), and completely rejected still others</u>.

(早大・文)

【Words & Phrases】　unsuitable 適さない ◆ rejected 拒絶された ◆ moreover さらに ◆ thoroughly 完全に ◆ modify ～を修正する ◆ concept(s) 概念 ◆ retain ～を保持する ◆ similarly 同様に ◆ whole 丸ごと：完全に（副詞＝ wholly）◆ adapt ～を適合させる：改変する ◆ others 他のもの ◆ political forms 政治形態 ◆ the press 出版報道関係 ◆ still さらに

♣ 解テク 68 の「短前長後の法則」で触れた通り、ここでも O が長いため後置されて、短い C が前置されている。構造を明確にするため本文の ( ) は抜いてみる。

DIAGRAM

Similarly, / the Japanese have taken 〔from the West〕 a few things whole, /
　　　　　　　　S　　　　　V¹　　　　　　　　　　　　　　O　　　wholly

adapted and made Japanese others, / and completely rejected (still) others.
　V²　　　　V³　　　C　　　O　　　　　　　　　　　　V⁴　　　　　　O

S 以下を並列にすると右記のようになる。

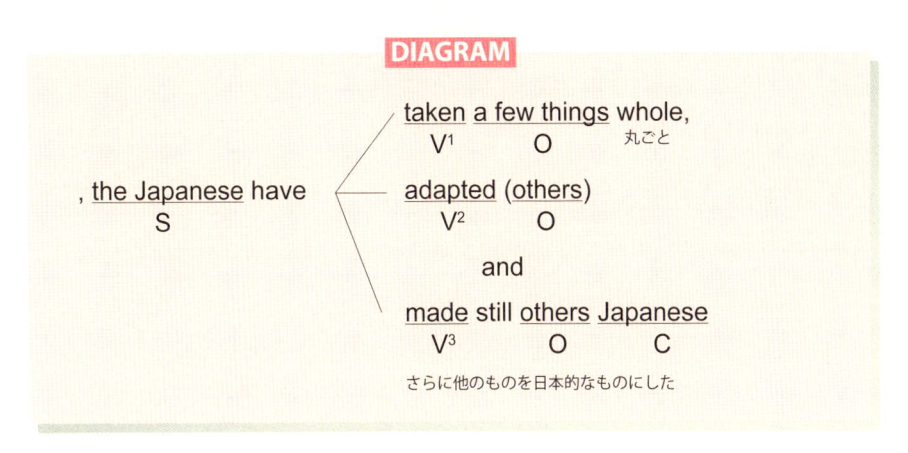

DIAGRAM

```
                    ┌─ taken  a few things  whole,
                    │   V¹        O         丸ごと
                    │
, the Japanese have ┼─ adapted (others)
        S           │   V²        O
                    │         and
                    │
                    └─ made still others Japanese
                        V³         O        C
                        さらに他のものを日本的なものにした
```

whole は副詞で「丸ごと・丸々」の意味で taken を修飾。others は上の a few things を受けて使われており、other things のこと。Japanese は「日本的な」という形容詞。なぜ others と Japanese をわざわざ倒置させたか？ 本来の S ＋ V ＋ O ＋ C の形にしてみるとまずいことが生じるからである。

adapted and made others (political forms, economic organization, and the
 V²   V³   O

press) Japanese
       C

となってしまい、other と Japanese の O ＋ C 関係が読者にとって極めてわかりづらくなる。そのため短前長後の形にしたのである。

【全訳】多くの中国の流儀が試され、不適切とみなされ、拒絶された。さらに日本人は残されていた中国式概念をも、「日本化」してゆく際に徹底的に修正した。同様に、日本人は少数のもの（科学技術）は丸ごと西洋から摂取し、その他のもの（政治形態、経済機構、出版報道機関）は改変して日本的なものにした。そしてさらに他のものは完全に拒絶したのであった。

Learn it by heart!　　　暗唱用例文 # 088　　　CD-177

He *made* **clear** *his strong objections to the proposal.*
彼はその提案に強い反対の意向を明らかにした。

解テク 89　the extent [degree] to which は how much に代えてみよ

●全文を和訳しなさい。　　　　　　　　　　　　　　　　　　CD-178

　There is much controversy about the extent to which storage of information on computers constitutes an unreasonable interference with privacy, and as to what safeguards should be introduced.

（中央大・法）

[Words & Phrases]　controversy 論争 ◆ storage 保存；保管 ◆ constitute 〜を構成する ◆ unreasonable 不当な ◆ interference with 〜への干渉：侵害 ◆ as to 〜に関して（＝ about） ◆ safeguard (s) 防御 ◆ be introduced 導入される

♣ 名詞には付随すべき前置詞が大体決まっている。dependence on「〜への依存」、independence of「〜からの独立」、a hindrance to「〜への障害」、influence on「〜への影響」、resistance to「〜への抵抗」等々枚挙にいとまがない。extent [degree] には of もあるが主に to とともに使われる。to some extent [degree]「ある程度まで」という熟語もあるくらいである。the extent [degree] にぶら下がる to which は解テク 11 に従って無視しても大意はつかめるが、思い切って the extent [degree] to which を how much「いかに多くの」に代えてみるとスッキリする。尚、to は「〜に至るまで」という意味の前置詞。

　To some extent I agree on the matter.
　「その件に関しては私はある程度**までは**あなたに同意します」
　To what extent do you intend to compromise?
　「どの程度**まで**あなたは妥協するおつもりですか」

　constitute「〜を構成する」は多くの場合、be 動詞「〜である」の代わりに使われる。ここでも constitutes を is に代えて考えよ（p42 参照）。

DIAGRAM

There is much controversy about [**the extent to which** storage of information
  V   S   how much

on computers / constitutes an unreasonable interference with
                  is

privacy] and as to [what safeguards should be introduced].
              about

ダイアグラムにすると、右図のようになり、「AとBについての大いなる論争がある」の意。

There is much controversy — about [A] / and / as to [B]
    V   S

最初の〔 〕が how much storage of information on computers is an unreasonable interference with privacy で「コンピュータへの情報の保管がいかにプライバシーへの不当な侵害であるか」となる。

　2つ目の〔 〕の what safeguards ～ introduced は「いかなる防御策が導入されるべきか」という疑問詞節。

【全訳】コンピューターへの情報の保管がいかにプライバシーへの不当な侵害になっているか、またいかなる防御策が導入されるべきかということについて、大いなる論争が生じている。

Learn it by heart!　　　暗唱用例文 # 089　　　**CD-179**

There was a report on *the extent to which* damage was done.
どのくらい損害があったかについての報告があった。

解テク 90　O＋S＋V の倒置が出る

●下線部を和訳しなさい。　　　　　　　　　　　　　　　　**CD-180**

Many beautiful areas in many parts of the South-west are far less accessible and far less frequented than Grand Canyon. <u>Some of them I have visited again and again during the course of twenty years but never without seeing some evidence of human activity which had diminished or destroyed things I had come to enjoy.</u>

(福島大)

【Words & Phrases】　accessible（何らかの手段で）到達可能な：訪れることができる◆ be frequented 人がよく訪れる◆ during the course of twenty years 20年間に◆ evidence 証拠◆ activity 活動◆ diminish 〜を減らす：損なう：傷つける◆ come to (do) 〜するようになる◆ never A without B (〜ing) A すれば必ず B する（二重否定）（解テク 43 下線部参照）

♣ S＋V＋O の文型で O を強調するために文頭に出した場合。他の文型にしばしばあるような「疑似疑問文形」は生じないことが通例である。つまり O が文頭に突出するだけで、S＋V の部分は全く形を変えない。例えば I love you. なら You I love.「他ならぬ君のことを僕を愛している」となる。下線部では Some of them が文頭に出た O。never A without B (〜ing) は二重否定。

> 例　I **never** look at this photo without **remembering** those happy days.
> 「この写真を見ると必ず楽しかったあの当時を思い出す」
> （尚、二重否定については解テク 74 参照）

DIAGRAM

Some of them / I have visited ⟨ ⟩ again and again / during the course of
　O　　　　S　　V

twenty years / but (I have) never (visited some of them) without seeing

some evidence of human activity 〔which had diminished or destroyed

things (I had come to enjoy ⟨ ⟩)〕.

　Some of them の them は前文の many beautiful areas in many parts of the South-west のこと。
　but never の部分には省略があり、補うと DIAGRAM のようになる。英語は反復を嫌う言語であり、効率と論理性を重んじる言語である故に省略と代名詞が発達している。

【全訳】南西部の多くの地域にある多くの美しい場所はグランドキャニオンよりもはるかに訪れることが難しく、はるかに訪れる人も少ない。過去20年間そのいくつかを私は繰り返し訪れたが、行けば必ず私が楽しむようになったもの（美しい大自然）を損なったり破壊したりした人間活動のいくつかの証拠を目にしたものである。

Learn it by heart!　　　暗唱用例文 # 90　　　CD-181

What I am today I owe to my friends.
私の今日あるのは友人のおかげである。

解テク 91 　反復を避ける省略が出る

●下線部を和訳しなさい。　　　　　　　　　　　　CD-182

Needless to say, more serious efforts must be made on the part of companies, public organizations, and local residents to reduce the amount of rubbish produced. <u>Recycling boxes should be placed in as many places as possible ; manufacturers should be urged to establish container return systems and sellers encouraged to avoid excessive packaging</u>.

（福岡女子大）

【Words & Phrases】　needless to say 言うまでもなく◆ efforts must be made to (do) 〜するための努力がなされなくてはいけない◆ on the part of 〜の側での◆ public organizations 公共事業体◆ local residents 地元住民◆ reduce 〜を減らす◆ amount 量◆ rubbish ゴミ◆ recycling boxes リサイクル品を回収するための箱◆ manufacturer (s) 製造業者◆ urge A to (do) Aに〜するよう奨励する◆ establish 〜を確立する◆ container return system 容器回収制度◆ seller (s) 販売業者◆ encourage A to (do) Aに〜するよう奨励する◆ excessive packaging 過剰包装

♣ 英語は反復を嫌う性格の強い言語である。そのため言い換えや省略が発達している。同じ語句の反復が確認できれば省略は見抜ける。

1行目の more serious efforts must be made は受動態だが、能動態にすると we must make more serious efforts「我々はもっと真剣な努力をしなければならない」となる。make efforts to (do)「〜するための努力をする」と覚えておけば、3行目の to 不定詞と more が修飾関係にあることが一目瞭然である。more serious efforts の more が何を意味するか気にかかるところだが、than 以下が省略されている場合は文脈で推測するしかない。ここでは than now「今よりも（もっと真剣な努力を〜）」である。3行目の produced は p.p. で直前の rubbish にかかる後置修飾。「生み出されたゴミ」となる。

DIAGRAM

<u>Recycling boxes</u> <u>should be[1] placed</u> in as many places as possible ; /
    S   V

<u>manufacturers</u> <u>should be[2] urged</u> <u>to establish container return systems</u> /
    S   V   C

and

<u>sellers (should be[3]) encouraged</u> to avoid excessive packaging.
  S   V

as ～ as possible は「可能な限りの」というイディオム。セミコロン（；）は「同様に」という意味で打ってあり、以下に同様な提案が 2 つ追加されている。最後のセンテンスの（　）に入れた部分を補って読むよう、省略を見抜く力を養わなければならない。万一、文脈で省略に気づかず読んだとしても sellers encouraged to avoid excessive packaging は文としておかしいことに気づくはずである「販売業者は過剰包装を避けるように促した」となり、「えっ、誰に？」と疑問がわく。encourage A to (do)「A に～するように促す」と使うこの動詞の A にあたる目的語が使われていないので、文になり得ない。また、encouraged を過去形と判断したら、現在形だけの文脈との整合性を欠く。「おかしい」と思ったら文脈から省略を判断すべし。encouraged 以下が直前の sellers にかかる後置修飾句である。

【全訳】言うまでもなく、会社、公共事業体、地元住民の側によって生み出されるゴミの量を減らすためのもっと真剣な努力がなされねばならない。<u>できるだけ多くの場所に回収用の箱を置かねばならないし、製造業者にも容器回収制度を確立するよう促し、販売業者にも過剰包装を避けるよう促さねばならない。</u>

Learn it by heart!　　　　　暗唱用例文 # 091　　　　　CD-183

To err is human, forgive [*is*] divine.
過ちは人の常、許すは神の心。

解テク92　S＋V＋M＋Oが出る

●下線部を和訳しなさい。　　　　　　　　　　　　　CD-184

Only within a community which adheres to the public philosophy is there sure and sufficient ground for the freedom to think and to ask questions, to speak and to publish. <u>Nobody can justify in principle, much less in practice, a claim that there exists an unrestricted right of anyone to utter anything he likes at any time he chooses.</u>

（岡山大）

【Words & Phrases】　a community 共同体社会◆ adhere to ～に忠実である：に固執する ◆ the public philosophy 大衆の考え方◆ sufficient 十分な◆ ground for ～への基盤：立脚点 ◆ publish 出版する◆ justify ～を正当化する◆ in principle 原則的に◆ much less ～はもちろんのこと◆ in practice 実際上は：実際には◆ a claim that ～ ～という主張◆ there exist ～が存在する（解テク77）◆ unrestricted 無制限の◆ right 権利◆ utter ～を発言する

♣ Ｓ＋Ｖ＋Ｏの第3文型自体は単純であるが、構文に「目眩ましのトリック」としてＶとＯの間にM (modifier) つまり修飾語句を挿入する方法が使われることが多い。これを見破るには、Ｖを他動詞として記憶しておくことが前提となる。下線部ではjustifyを見たら瞬時に目的語を予測できなければいけない。日頃、自動詞・他動詞の区別をつけて動詞を正確に覚えることが肝腎である。

　1行目の関代which節を取り除いて文を見ると大局がつかみやすい。Only within a community is there sure and sufficient ground ～となり、Sがground でＶがisという第1文型の倒置文。Only within ～という副詞句が強調のため文頭に出たので、本来のthere isの語順が逆転している。3行目の4つのto不定詞はすべてthe freedomを修飾して「～する自由：～できる自由」の意味。

DIAGRAM

Nobody can justify (in principle, much less in practice), a claim 〔that
   S   V   M   O

there exists an unertricted right (of anyone) to utter anything (he
      is

likes) at any time (he chooses)〕.

大きな構造で見るために骨格のみの文にしてみよう。

Nobody can justify a claim 〔that 〜〕.
   S   V   O

「〜という主張を正当化できる者は誰もいない」

a claim に付随する that 節は a claim との同格関係で、合わせて「〜という主張」。
much less 〜は否定文中で「まして〜ない」の意味。

例 He can**not** speak German, **much less** English.
「彼はドイツ語は話せ**ない**し、**まして**英語は話せ**ない**。」

right of A to (do) は「Aの〜する権利」。

【全訳】大衆の考え方に忠実な共同体社会の中においてのみ、考えたり、質問をしたり、発言したり、出版する自由への確かで十分な基盤が存在するのである。誰であれ好きなことを好きな時に発言できる無制限の権利が存在するという主張を、実際の場合は言うまでもなく、原則的にも正当化できる人間などはいない。

Learn it by heart!

暗唱用例文 # 092

CD-185

We take *as a matter of course* the fresh milk delivered to our doors.
我々は玄関に届けられる新鮮な牛乳を当然と考えている。

解テク 93　主格の of が出る

●下線部を和訳しなさい。　　　　　　　　　　　　　　　　**CD-186**

<u>Man had overthrown the domination of nature and made himself her master ; he had overthrown the domination of the Church and the domination of the absolutist state.</u>　The abolition of external domination seemed to be not only a necessary but also a sufficient condition to attain the cherished goal : freedom of the individual.

（千葉大）

【Words & Phrases】　overthrow 〜をくつがえす◆ domination 支配◆ nature 自然◆ master 主人◆ absolutist 絶対専制主義者◆ state 国家◆ abolition 除去：撤廃：廃止◆ external domination 外からの支配◆ condition 条件◆ attain 〜を達成する◆ cherished goal 大切に抱いている目標

♣ 動作名詞に付随する of は「目的格」「同格」「主格」などのいずれかを見極めなければいけない。例えば、punishment of the criminal なら「犯罪者を罰すること」で目的格だし、the habit of getting up early なら「早起きという習慣」で同格であり、the rule of the king なら「国王が統治すること」で主格である。その見極めについてはあくまでも自然な意味になるか否かで判断をする方法が確実かつ迅速である。前者を「犯罪者が罰すること」と読めば常識上あり得ないことであるし、後者を「国王を統治すること」と読めばこれも意味不明となる。

　次の場合はどうだろうか。

　① the appearance of a new technology

　② the maintenance of urban life

①は自動詞 appear「現れる」②は他動詞 maintain「〜を維持する」の名詞形、という本来の動詞の種類からも判断できる。①は「新たな技術**が**誕生すること」（主格）②は「都市生活**を**維持すること」（目的格）である。

DIAGRAM

Man had overthrown the domination of nature / and made himself
　S　　　　V¹　　　　　O　　　　　　　　　V²　　O

her master; he had overthrown the domination of the Church / and
　C　　　　S　　　V　　　　　　O¹

the domination of the absolutist state.
　O²

　The domination of nature は「自然**が**支配すること」。the domination of the Church は「教会**が**支配すること」。the domination of the absolutist state は「専制的な国**が**支配すること」で、これらは全て主格。ただし、第2文の文頭のThe abolition of external domination は「外からの支配**を**除去すること」で目的格。

　上記の文が過去完了形をとっているのはなぜだろうか。解テク22でも述べたが、過去完了形は過去形との時差を示すために使用する「大過去」である。ならばどこかに過去形が使用されているはずである。本文4行目の動詞がseemedと過去形になっているのがそれである。そのseemedという過去の時点を基盤として本文全体が考えられているのであって、第一文はそこからさかのぼってさらに過去を顧(かえりみ)ているのである。訳し方もhad overthrownは「くつがえした」ではなく「くつがえしていた」の方が正確である。

> 【全訳】人間は自然による支配をすでにくつがえしていたし、自らを自然の主人にしていた。また人間は教会による支配もすでにくつがえし、専制的な国による支配をもくつがえしていた。個人の自由という大切な目標を達成するには外からの支配を徹底することが必要であるのみならず、また十分な条件であるとも思われたのである。

Learn it by heart!　　　　暗唱用例文 # 093　　　　**CD-187**

Survival *of* man depends on his relationship with nature.
人類**が**生き延びることができるか否かは自然との関係に左右される。

解テク 94　目的格の of が出る

●下線部を和訳しなさい。　　　　　　　　　　　　　　　　　　CD-188

There is a deep-rooted prejudice among human beings against human beings. In recent years, <u>it has been the custom to accuse him of a love of cruelty of which all the other animals are innocent</u>.

(聖心女子大)

【Words & Phrases】　deep-rooted 根の深い◆ prejudice against 〜に対する偏見◆ in recent years 近年◆ cruelty 残酷さ◆ accuse A of B　AのBを非難する◆ be innocent of 〜には存在しない

♣ 解テク93で見たように、主格の of「〜が…すること」の場合は、主に自動詞が名詞化した動作名詞の場合である（independence of a people「ある民族が独立すること」）が、ここでは目的語をとる他動詞が名詞化した動作名詞のケースである。当然「〜を…すること」と他動詞からの類推がなされねばならない。 the fear of nature「自然を恐れること」、the exchange of ideas「意見を交換すること」、the offer of an opinion「意見を申し述べること」etc.

　第1文の分離修飾関係に注意してほしい。prejudice against で「〜に対する偏見」が見抜けたら上級者。among human beings はその間に挿入されたもので「人間（同士の）間には」の意で There is「〜がある」という述部を修飾している。

DIAGRAM

```
it has been the custom / to accuse him of a love of cruelty 〔of which all
S    V    C
the other animals are innocent〕.
```

　it ～ to 構文。〔　〕内の of which の of は文末に移せば、be innocent of というイディオムになる。ポイントは a love of cruelty で、直訳して「残酷さの愛」としても全くナンセンスである。love は「～を愛すること」という動作名詞だから、「残酷さを好むこと」という意味である。従ってこの of は「目的関係の of」である。「動作名詞＋ of」の場合は前後から of の意味を読み解く癖をつけよう。the knowledge of English は「英語を知っていること」である。

　it has been の箇所の和訳に苦慮する受験生が多い。「～であってきた」、「～である」、「～であってきたし、今もそうである」のいずれが良いか迷うのである。もちろんこの現在完了形は継続用法で「今まで～であってきたし、今もそうである」の意味だが、さすがにその日本語はくどい。臨機応変な判断が必要で、ここでは「～となっている」とすべきである。この訳なら継続の意味も含む自然な日本語と言える。

【全訳】人間には人間に対する根深い偏見がある。近頃、人間には他のすべての動物には存在しない残酷さを好む傾向があるとして非難することが慣習となっている。

Learn it by heart!　　　　暗唱用例文 # 094　　　　CD-189

The use *of* tools was once said to be peculiar to man.
道具を使うことは人間に固有のことである、とかつては言われた。

解テク 95　同格の of が出る

●全文を和訳しなさい。　　　　　　　　　　　　　　　CD-190

　In the Nineteenth Century the Parliamentary institutions, while undergoing democratic transformation, were put to the severer test of coping with the new and bewildering conditions of social life created by the Industrial Revolution.

（岡山大）

【Words & Phrases】　the Parliamentary institutions 議会制度 ◆ undergo 〜を受ける ◆ transformation 変遷 ◆ put A to test　A を試す ◆ severe 厳しい ◆ cope with 〜に対処する ◆ new 未経験の ◆ bewildering 当惑させる：当惑せざるを得ない ◆ conditions 状況 ◆ the Industrial Revolution 産業革命（1760 頃英国で始まる）

♣ A of B で「B という A」という意味になれば、A ＝ B だから、これを「同格」という。the virtue of charity「慈善という美徳」、the job of repairing the house「家を修理するという仕事」etc。

　第 1 文の S は the Parliamentary institutions で V は were put。S と V にはさまれた while 〜 transformation は分詞構文 undergoing democratic transformation に接続詞 while が冠せられたと考えよ。ふつうの節にすれば while they were undergoing democratic transformation (they ＝ the parliamentary institutions)。while they were 〜 ing の they were などを省くことはふつう（解テク 85 参照）。

　were put severer test は能動態にすると put 〜 to the severer test で「〜をより厳しく試す」。bewildering は現在分詞で「人々を当惑させるような」の意味。

DIAGRAM

In the Nineteenth Century / <u>the Parliamentary institutions</u>, 〔while
　　　　　　　　　　　　　　　　　　 S

undergoing democratic transformation〕, <u>were put</u> to the severer test **of**
　　　　　　　　　　　　　　　　　　　　　　　 V

coping with <u>the new and bewildering conditions</u> (of social life) (created by

the Industrial Revolution).

　（　）の created は p.p. で前の condition を修飾する。 N + p.p. + by ～のパターンになるといつも p.p. 以下は前の N（名詞）を修飾して「～によって…された ▢ 」となる。coping の of が「同格の of」。severer という比較級の対象は than before「今まで以上に」と考えよ。

　3 行目の of は所有格の of。なぜなら、social life's new and bewildering conditions「社会生活のもつ未経験かつ当惑せざるを得ない状況」と言い換えることができるからである。social life が new and bewildering conditions をもつ関係である。一方、test of coping with ～は coping with ～＝ test つまり「対処という試練」で、まさに同格関係が成立している。

【全訳】19 世紀において議会制度は、民主的な変遷を経る一方で、産業革命によって創り出された社会生活上の未経験かつ当惑せざるを得ない状況に対処するという、最も厳しい試練を受けたのであった。

Learn it by heart!　　　　暗唱用例文 # 095　　　　CD-191

I have no objection to the idea *of* your marrying her.
私は君が彼女と結婚する**という**考えに反対はしない。

解テク 96　the way (in which) ＋節

●全文を和訳しなさい。　　　　　　　　　　　　　　　CD-192

　Advertisements must take into account, not only the inherent qualities and attributes of the products they are trying to sell, but also the way in which they can make those properties mean something to us.

（和歌山大）

【Words & Phrases】　advertisement (s) 広告◆ take A into account　A を考慮に入れる◆ not only A but also B　A のみならず B も◆ inherent 固有の◆ qualities 特質◆ attribute (s) 特性◆ product (s) 商品：製品◆ properties 所有物：買った物

♣ the way (in which) ＋節には名詞節と副詞節の 2 通りあり、ここでは名詞節を扱う。in which は解テク 11 により飛ばして読めばよい。the way に付随する in which は略されることが多い。意味は「～が…するやり方・あり方」などだが、the way を how にかえて「いかに～するか」と訳すとわかりやすい。

　上記の the way in which they can make those properties mean something to us も how they can make those properties mean something to us とすると「いかに広告 (they) にそういった製品が我々に何らかの意味をもたせることができるか」となって解釈しやすい。

　解テク 7 (p22) の本文最終行にも the way ＋節があるので参照してほしい。

DIAGRAM

Advertisements must take into account, not only the inherent qualities
　　S　　　　　　　V　　　　　　　　　　　　　　　　　　O¹
and attributes of the products 〔they are trying to sell ◯ 〕 / but also
　　　O²　　　　　　　　　　　　　　　　advertisements
the way 〔in which they can make those properties mean something to us〕.
　O³　　　　　　　advertisements　〜を…にさせる

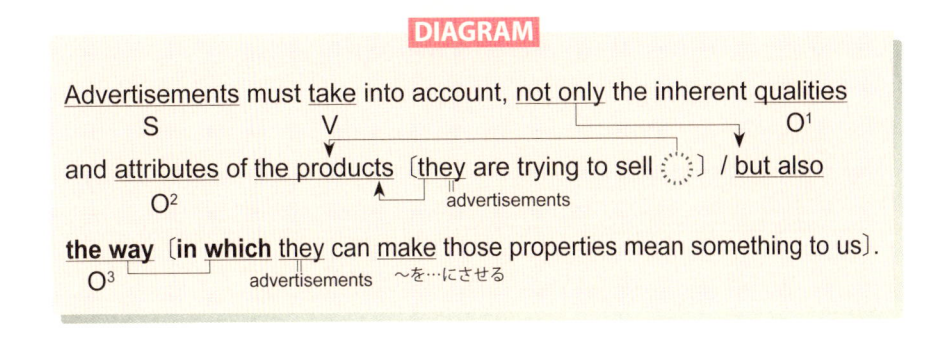

S＋V＋Oの文型でOが3つ（O¹、O²、O³）ある。1行目の take into account は倒置で、into の本来の位置は文末の us の後にあったが、それでは take A into account のイディオムがわかりにくいので、長いAを後置したのである。これも「短前長後の法則」(解テク68)による。以下に本来の形で DIAGRAM を示そう。not only A but also B「Aのみならず Bも」も使われている。make は「〜を…にさせる」の使役動詞。

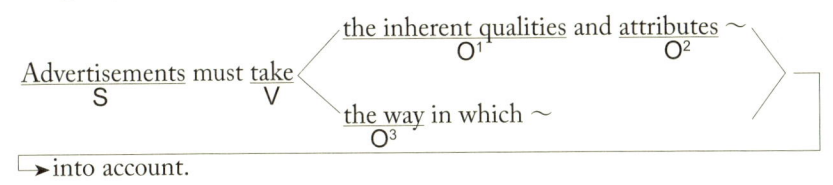

Advertisements must take ⟨ the inherent qualities and attributes 〜
　　　S　　　　　　V　　　　　　　O¹　　　　　　　　O²
　　　　　　　　　　　　 the way in which 〜
　　　　　　　　　　　　　　　　O³
→ into account.

【全訳】広告は、売ろうとする製品の固有の特質と属性のみならず、広告にそういった製品が我々に何らかの意味をいかにもたせることができるのか、ということまで考慮しなければいけない。

Learn it by heart!　　　暗唱用例文 # 096　　　**CD-193**

This is *the way* (*in which*) I solved the problem (＝ This is *how* I solved the problem.)

このようにして私はその問題を解いた。

201

解テク 97　the way ＋節〈副詞節〉

●下線部を和訳しなさい。　　　　　　　　　　　　　　CD-194

　Many people realize that the writer or speaker must use effort, but they think that no work need be done by the reader or listener. <u>Reading and listening are thought of as receiving something from someone who is actively engaged in giving or sending, the way one would receive a gift.</u> However, the reader or listener is much more like a person who catches a ball.

（宮城教育大）

【Words & Phrases】　realize ～を認識している◆否定語＋ need be done 行なわれる必要はない（need の助動詞用法）◆ think of A as B　A を B とみなす◆ be engaged in ～に従事している

♣ 解テク 96 と形は似ているが、この the way は接続詞で、「～が…するように」の意。in the way ＋節 (S ＋ V) の in が慣習上脱落したと考えるとわかりやすい。尚、the way ＝ as なので、as ＋節 (S ＋ V) としても同じこと。尚、この副詞的用法では the way の後に in which は使われない。

　2 行目の need は助動詞。need は一般動詞と助動詞の 2 つの用法があり、混乱しやすいので頻出。助動詞としての need である証拠は、need を典型的な助動詞（例えば can）と置き換えてみるとわかりやすい。can と置き換えると no work **can** be done by the reader or listener「いかなる労力も読み手や聞き手によって行われ得ない」となって完全に文として機能する。だから need が助動詞であると判別できる。need の助動詞用法は否定文と疑問文に限定して用いられる。

　例　You **need not** come so early. 「君はそんなに早く来る必要はない」
　上例を一般動詞の need で書き換えると以下の英文になる。
　例　You **don't need to** come so early.
　　　（＝ You don't have to come so early.）

> **DIAGRAM**
>
> <u>Reading and listening</u> <u>are thought</u> of as receiving something from
>   S   V
>
> <u>someone</u> (<u>who</u> is actively engaged in giving or sending), / **the way** one
>   ‖
>   as
>
> would receive a gift.

be thought of as ～で「～とみなされている」。the way 以下は receiving を修飾して「人が贈り物を受け取る**ように**～を受け取る」とかかってゆく。
尚この the way は副詞節を形成する接続詞だが、解テク 96 のように名詞節を形成する場合もあるので、文脈で両者の違いを判断する必要がある。

次のような例もある

> 例 **The way** he's always putting away fattening food, he'll in time get fat like a pig.
> 「彼がいつも油っこい食事をたいらげている**あり様から見て**、早晩彼は豚のように太るよ。」

これは the way の前にあった Judging from「～から判断して」が慣習で消失したと考えてほしい。副詞節である。

> 【全訳】多くの人々が書き手と話し手は努力をしなければいけないことを認識しているが、読み手と聞き手は労力を全く必要としないと考えている。<u>読むことと聞くことは、贈り物を受け取るように、与えることや送ることに積極的に従事している人から何かを受けとることだとみなされている。</u>しかし、読み手と聞き手はボールを受け取る人にむしろずっと似ているのである。

Learn it by heart!　　　　　暗唱用例文 # 097　　　　　**CD-195**

He doesn't do it *the way* (= *as*) I do.
彼は私がやる**ように**はやらない。

解テク 98 No sooner 〜 than... が出る

●下線部を和訳しなさい。

Being bright, decorative objects that could be gathered together in one place and easily stored, postcards became an ideal collector's item. <u>It would seem that no sooner had the first picture postcard dropped through its first letterbox onto its first doormat, than the first postcard album was produced to put it in.</u>

（東京都立大）

【Words & Phrases】 bright 華やかな ◆ decorative 装飾的な ◆ object (s) 物 ◆ gather 〜 together 〜を集める ◆ store 〜を蓄える ◆ postcard (s) ハガキ ◆ ideal 理想的な ◆ collector's item 収集家のコレクションの対象 ◆ It would seem that 〜 〜のように思われる ◆ drop onto 〜 〜に届く ◆ letterbox 郵便受け ◆ produce を製造する

♣第1文は分詞構文。本来の文にすると次のようになる。

As they were bright, decorative objects that could be gathered together in one place and easily stored, postcards became an ideal collector's item.

As と they (= postcards) が脱落して were が現在分詞の Being になったわけである。2行目の easily の直前には could be が反復を避けるために省略されている。

　下線部にある no sooner A than B「A するや否や B する」の構文が頻出である。no sooner という副詞句が文頭に出たために直後は倒置文になる。常に than の前で切って考えてほしい。この英文の筆者は従位接続詞 than の前にカンマを打って読者に読みやすくしているが、通常はカンマはつけない方が一般的である。カンマを削除してもよい。

DIAGRAM

no sooner / had the first picture postcard dropped 〔through its first letterbox〕 onto its first doormat, / **than** the first postcard album was produced (to put it in ○).
　　　　　　　　　　　それを入れておくための

最初の〔 〕は挿入句。文末の（ ）は the first postcard album にかかる to 不定詞句で「（絵ハガキを入れておくための）最初の絵ハガキ用アルバム」のこと。

no sooner の節と than 以下の時制にズレがあることに注意したい。前者が過去完了時制、後者が過去時制で使用される。もちろん前者が現在完了形の場合には後者は過去形となる。

例 No sooner *have we woken* up than we *forget* most of the dream we were having.
「我々は目を覚ますや否や見ていた夢のほとんどを忘れる」

この時間のズレには論理的理由がある。2つの動作はほぼ同時であるが厳密には従節の no sooner 以下の方が主節の than 以下よりわずかに先に発生しているから現在完了時制になるのである。

尚、ふつうの語順でも言い換えできる。

The first picture postcard had **no sooner** dropped through its first letterbox onto its first doormat, **than** the first postcard album was produced to put it in.

【全訳】ハガキは一カ所に集めることができて、容易に貯めることができる上に、華やかで装飾性に満ちた物なので、理想的な収集家のコレクションの対象となった。歴史上最初の絵ハガキが郵便受けを通って最初の玄関マットに届くや否や、その絵ハガキを入れておくための最初の絵ハガキ用アルバムが製造されたように思われる。

Learn it by heart!　　　暗唱用例文 # 098　　　CD-197

No sooner had I hung up *than* another phone call came.
私が電話を切る**や否や**別の電話がかかってきた。

解テク 99 分離する関係副詞 when が出る

●全文を和訳しなさい。　　　　　　　　　　　　　　　　　　　CD-198

As the population keeps increasing, sooner or later the day must come when neither food nor space is left, for the simple reason that both are limited whereas population is potentially limitless.

(小樽商大)

【Words & Phrases】 as ～につれて ◆ population 人口 ◆ keep increasing 増えつづける ◆ sooner or later 遅かれ早かれ ◆ neither A nor B　A でも B でもない ◆ space 空間 ◆ for the simple reason that ～という単純な理由で ◆ be limited 限度がある ◆ whereas ～の一方で ◆ potentially 潜在的に ◆ limitless 限度がない

♣ 先行詞と関係詞が離れる場合がある。これは分離修飾（解テク 86・87 参照）であり、短前長後の原則（解テク 68 参照）により生じるものである。

　As は従位接続詞で「～が…するにつれて」の意味で使う。must は文脈で推量の「～するにちがいない」と判断する。「～しなければならない」とすると文脈上意味がかみ合わない。右ページの解説で納得したら、The day must come when ～「～という日が来るにちがいない」という慣用表現として覚えるとよい。以後同様の表現に遭遇した時に瞬時に判断できるからである。

> **DIAGRAM**
>
> As the population keeps increasing, / sooner or later / the day must come 〔when neither food nor space is left〕, / for the simple reason 〔that both are limited / whereas population is potentially limitless〕.
>
> (S = the day, V = come; that 節内の both = food と space)

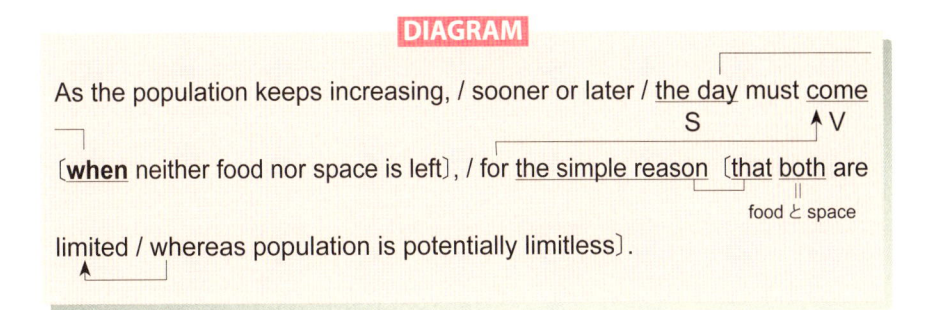

Sooner or later 以後を本来の語順にしてみよう。

the day〔when neither food nor space is left〕must come
　S　　　　　　　　　　　　　　　　　　　　　　　V

上記のようになるが、結論先行型の言語である英語の論理からすると、いかにもまだるっこしい。結論はなるべく先に述べるのが英語民族の流儀だから〔　〕の関係副詞節を後にもって行き、the day must come とズバリ最初に結論を言い切るのである。直線的な思考を好む彼らの精神構造が垣間見えて興味深い。

for 以下は「～という単純な理由で」の意味で述語動詞 (V) の must come を修飾する。reason の直後の that は関係副詞で why の代わり。

【全訳】人口が増え続けてゆくにつれて、遅かれ早かれ、人口が潜在的に無限に増える可能性がある一方で、食糧と空間が限られているという単純な理由で、その両方とも残らなくなる（足りなくなる）という日が来るにちがいない。

Learn it by heart!　　暗唱用例文 ♯ 099　　CD-199

***The time** came at last **when** we had to break up.*
私達が別れなくてはいけない時がついにやってきた。

207

解テク 100　of which が出る

●全文を和訳しなさい。　　　　　　　　　　　　　　　**CD-200**

　Language is nothing but a set of human habits the purpose of which is to give expression to thoughts and feelings, and especially to impart them to others. As with other habits it is not to be expected that they should be perfectly consistent.

（学習院大・法）

【Words & Phrases】　nothing but 〜にすぎない (= only) ◆ a set of 一連の〜 ◆ purpose 目的 ◆ give expression to 〜を表現する (= express) ◆ thoughts 思考 ◆ feelings 感情 ◆ impart A to B　AをBに与える ◆ as with 〜に関しても同様だが ◆ it is not to 〜 = it cannot 〜　〜することはできない ◆ consistent 首尾一貫している

♣ of which は苦手意識を持つ受験生が多いため頻出である。「名詞＋ of which ＋節」をひとつの単位と考え、それ以前と切り離して読めばよい。

　4行目の it is not to be expected that は it 〜 that... 構文で it は形式主語。that 以下が真主語。is not to be expected の be ＋ to 不定詞は運命・予定・意図・義務・禁止・可能などの様々な意味をもつが、ここでは前後から「可能」。つまり it cannot be expected that 〜「〜ということは期待され得ない」「期待できない」。能動態にすれば we cannot expect that 〜のことである。

DIAGRAM

Language is nothing but a set of human habits 〔the purpose of which is
   S   V   C

to¹ give expression to thoughts and feelings, / and especially (is) to² impart
    〜を表現すること   〜を伝えること

them to others〕.
‖
thoughts and feelings

human habits と the purpose of 〜の間は意味的につながらないのでスラッシュで切る。the purpose of which を and the purpose of it is 〜「そしてそれの目的は〜だが」と考えるとよい。また the purpose of which = whose purpose = of which the purpose でもある。of which の使われている意味を確認する方法としては、the purpose 以下を独立した文にして読んで見ればよい。その際には which を先行詞と入れ代えること。次のようになる。

① the purpose of which is to give expression to thoughts and feelings

② the purpose of a set of human habits is to give expression to thoughts and feelings

①の which は②では先行詞と入れ代えた。これで完全な文として読める。of which の of は「〜の目的」の「の」であったわけである。尚、of which = whose と割り切って考えてもよい。DIAGRAM の 1〜2 行目は以下のようになる。

Language is nothing but a set of human habits **whose** purpose is to give expression 〜 .

【全訳】言語とは、その目的が思考と感情を表現し、特に他人に伝えることである一連の人間の習慣であるにすぎない。他の習慣についてもそうであるが、この言語習慣が完全に首尾一貫したものであることを期待することはできない。

Learn it by heart!   暗唱用例文 # 100   **CD-201**

Look at *the house* the roof *of which* is red over there.
あそこの赤い屋根の家を見なさい。

解テク 101 　読み下す until が出る

●下線部を和訳しなさい。　　　　　　　　　　　　　CD-202

　Labour-saving devices have released men and—especially—women from much of the housework and provided a ready market for commercialized leisure products outside the home. <u>Standards and expectations which once were the experience of only the very wealthy have gradually been democratized until they have reached all but the poorest sections of society.</u> Nowhere is this more clearly exemplified than in the history of holidays.

（大阪大）

【Words & Phrases】　labour-saving devices 労力を省く機械（洗濯機など）◆ release A from B　A を B から解放する◆ housework 家事◆ ready おあつらえ向きの◆ provide a market 市場を創り出す◆ commercialized leisure products 商業化された余暇用の製品（自動車など）◆ standards（生活）水準◆ expectations 利益；見込み◆ once かつては◆ the very wealthy 非常に裕福な人々（the ＋形容詞＝複数の人々）◆ gradually 徐々に◆ reach ～に届く◆ all but ～を除いて全て◆ sections 階層◆ nowhere is A more ～ than B　B ほど～な A はどこにもない◆ exemplify ～を例証する

♣ 下線部にある接続詞 until〔or till〕は通例「～まで（は）」の意味で後方から訳し上げるが、時系列に従って述べていると判断できる場合には、訳し下げて「そして（ついに）…」とする。見極めは文全体で行う。

Labour-saving devices have released man and—especially—women
　　　　S　　　　　　　　　V¹　　　　　　　　　　　　O
from much of the housework / and (have) provided a ready
　　　　　　　　　　　　　　　　　　　V²
market for commercialized leisure products 〔outside the home〕.
　O　　　　　　　　　　　　　　　　　　　　　　　　　戸外の

DIAGRAM

<u>Standards and expectations</u> 〔<u>which</u> (once) were the experience of only
　　　　　S
the very wealthy〕 have (gradually) <u>been democratized</u> / **until** <u>they</u> have
　　　　　　　　　　　　　　　　　　V¹　　　　　　　　　　standards and expectations

<u>reached</u> <u>all</u> but the poorest sections of society.
V²　　O

　これも文全体から A をした後に B をした、と時間順の記述なのでに読み下す式の
「**そして（ついに）…**」がよい。
　standards は文脈上 standards of living「生活水準」のことで高い生活水準を意味し、
expectations は、これから登場するであろう文明の利器を利用しようとして、胸を
ふくらませて待つ「利益」という意味である。
　第 1 文の labour-saving devices とは、家庭では電気洗濯機などを指し、
commercialized leisure products とはキャンピングカーなどを指す。

【全訳】労力を省く様々な機械は、人類、特に女性を家事の多くから解放し、戸外用の商業化された余暇用の製品のためのおあつらえ向きの市場を創り出した。（例えば洗濯機などの普及が女性の余暇の時間を費やし、戸外をドライブして楽しむ自動車へと需要を促したことなど。）かつてはほんの少数の富裕者の経験することにすぎなかった（生活）水準や利益は、徐々に民主化されていき、そしてついに、それらは社会の極貧の階層を除いて、全てに行き渡ってしまった。このことが最も明確に例証されている分野は休暇の歴史以外のどこにもない。

Learn it by heart!　　　　暗唱用例文 # 101　　　　**CD-203**

He ran on and on, *until* he couldn't move any longer.
彼は走り続け、**ついに**もはや動けなくなってしまった。

ここでひと休み😊

【解説・解答】

I think 〔that that that (that that student wrote ⋯ on the blackboard) is wrong〕.
　　　　①　②　③　　④　⑤

　that に①〜⑤の通し番号をつけて解説しよう。①は接続詞で〔　〕を名詞節にする働きをしている。以下に完全な文を従えて「〜ということ」という意味。②と③は連結しており「あの that」という意味。④は関係代名詞の目的格で which に代えてもよい。⑤は「あの」という指示形容詞。この英文から①と④は省略としても差し仕えない。

　すると何のことはない。②③が「あの that」で⑤の that student が「あの生徒」である。

【訳】

　私はあの生徒が黒板に書いたあの that は間違っていると思います。

あとがきにかえて

☆ All those vivid images you've kept picturing in your mind, yearning for them to come true thousands of times, can only be realized by you and you alone.

If you yourself don't strive to achieve what you want in life, you are no different from a sheep following a shepherd around a meadow.

You can become whatever you believe you can.

Yoshi Yuso

★ 実現させたいと熱望し何万回も頭に描き続けたあの映像のすべて。実現するのはあなたしかいない。

人生において欲しいものを達成しようと格闘しなかったら、牧草地で羊飼いにつき従う羊と何ら変わらない。

あなたはなれると信じるどんなものにでもなれる。

吉　ゆうそう

吉ゆうそうの英文読解　解テク101　　　　CD付

1刷　2015年10月27日

著　者　　　　　吉　　ゆうそう
発行者　　　　　南　雲　一　範

印刷所　　　　日本ハイコム株式会社
製本所　　　　有限会社　松村製本所
発行所　　　　株式会社　南　雲　堂
　　　　東京都新宿区山吹町361番地／〒162-0801
　　　　振替口座・00160-0-46863
　　　　電話（書店関係・営業部）（03）3268-2311
　　　　ファクシミリ　（03）3260-5425

乱丁・落丁本はご面倒ですが小社通販係宛ご送付下さい。
送料小社負担にてお取替えいたします。　〈検印省略〉

Printed in Japan 〈G-162〉
ISBN 978-4-523-25162-0　C7082

Nan'Un-Do

吉ゆうそうの
完全無欠の英語構文集!!

【入試英語】
最重要構文540

A5判　322ページ
定価（本体1200円＋税）
ISBN978-4-523-51907-2

徹底的に無駄を省いた540の最重要な構文を暗記せよ！　毎年繰り返し出題されている『最頻出の英文デパート』の本書で君の合格への道は約束される！

英文完全収録のCD2枚付
暗記に便利な赤色シート付

大好評ロングセラー
全国の書店で発売中！